Sefyll
yn y
BwLCH

Brwydr Llangyndeyrn 1960–1965

D1375487

Sefyll yn y Bwlch

Brwydr Llangyndeyrn 1960–1965

W. M. REES

GOL. HYWEL GEALY REES

Argraffiad cyntaf: 2013

Dymuna'r cyhoeddwyr gydnabod cymorth ariannol
Cyngor Llyfrau Cymru

Llun y clawr: *Carmarthen Journal*
Cynllun y clawr: Y Lolfa

Rhif Llyfr Rhyngwladol: 978 1 84771 737 5

FSC

Cyhoeddwyd, rhwymwyd ac argraffwyd yng Nghymru gan
Y Lolfa Cyf., Talybont, Ceredigion SY24 5HE
gwefan www.ylolfa.com
e-bost ylolfa@ylolfa.com
ffôn 01970 832 304
ffacs 832 782

Cynnwys

Rhagair

Hywel Gealy Rees

Yng ngwanwyn 2012 y clywais am y tro cyntaf fod pentref Llangyndeyrn yn Sir Gaerfyrddin wrthi'n paratoi dathliadau arbennig ar gyfer y flwyddyn ddilynol. Wrth glywed enwi'r pentref bach y bûm yn byw ynddo 'nôl yn y chwedegau, clustfeiniais orau y medrwn ar y sgwrs rhwng dwy ddynes a siaradai wrth fy ymyl. Gan fod yr ystafell yr oeddwn ynddi'n orlawn, a'r siarad yn fyrlymus ac uchel, roedd hi'n anodd deall rhyw lawer o'r hyn a ddywedai'r ddwy. Gwelodd cyfaill i mi fy anhawster a thorrodd ar draws eu sgwrs a'm cyflwyno iddynt. A dyna sut y deuthum i wybod ganddynt bod yna bwyllgor brwdfrydig wrthi'n paratoi dathlu hanner canmlwyddiant y frwydr fwyaf a welwyd yng nghwm Gwendraeth Fach erioed – y frwydr lwyddiannus a fu i'w arbed rhag ei foddi o dan gronfa ddŵr enfawr.

Aeth y newydd am ein cyfarfyddiad annisgwyl yn ôl i Langyndeyrn.

Ymhen ychydig ddyddiau derbyniais lythyr gan aelod o'r Pwyllgor Dathlu yn gofyn a oedd gennyf unrhyw ddogfennau neu ddefnyddiau a allai fod o ddiddordeb i'r dathlu, gan ei fod wedi clywed mai fi oedd mab y diweddar Barch. W. M. Rees, a oedd yn Ysgrifennydd Pwyllgor Amddiffyn Llangyndeyrn 'nôl yn y chwedegau cynnar. Addewais ei helpu, a chroesawais ddau aelod o'r pwyllgor i'm cartref yn Nhre-saith i'w dethol. Yn y cyfamser euthum ati i chwilio yn y gist, a ddaeth i'm meddiant ar ôl claddu mam chwe blynedd ynghynt, beth yn union oedd wedi'u cadw ymhlith peth wmbredd o drugareddau'r teulu.

Tybiais y byddai'r ddau lyfr trwchus o'r torion a gasglwyd
o bapurau newydd y cyfnod yn siŵr o fod o ddiddordeb i'r
Pwyllgor Dathlu. Ymhlith y pethau eraill y deuthum ar eu traws
oedd rhai lluniau o'r frwydr, y garden a drefnodd Nhad ar gyfer
dathlu'r fuddugoliaeth ar 14 Awst 1965; y rhaglen a argraffwyd
adeg dathlu'r ugain mlwyddiant yn 1983, pan ddadorchuddiodd
Mam gofeb i'r frwydr ar sgwâr pentref Llangyndeyrn; tapiau
o gyfweliadau a wnaeth Nhad ar raglenni radio a theledu; a
phosteri protest o ddyddiau'r ymgyrchu. Roedd yna un peth
arall hefyd – ffeil werdd ac ar ei blaen, yn ysgrifen fân Nhad, y
geiriau 'Hanes Brwydr Llangyndeyrn (1960–1965)'.

Gwyddwn, wrth gwrs, bod y gwaith o groniclo'r hanes
wedi bod ar y gweill ganddo flynyddoedd yn ôl. Bu Pwyllgor
Amddiffyn Llangyndeyrn yn awyddus iddo gyhoeddi'r gwaith,
oherwydd bu'n ymdrech arwrol ar ran ffermwyr ardal wledig
cwm Gwendraeth Fach i rwystro cynllun Corfforaeth Abertawe,
a saith o awdurdodau eraill yng ngorllewin Morgannwg, i
greu cronfa enfawr i ddiwallu'r angen am ddŵr i gartrefi a
diwydiannau'r ardaloedd poblog hynny. Cofiaf bod Nhad
wedi sôn wrthyf un tro bod cyfaill iddo yn y Weinidogaeth
wedi pwyso arno i gynnwys yn y llyfr hefyd yr hanes am rai
o'r brwydrau eraill a ymladdodd yn ystod ei fywyd, a'i fod
yn bwriadu helaethu'r gwaith. (O dan y pennawd 'Brwydrau
Eraill' ar dudalen flaen ei deipsgript mae'r is-deitlau hyn
– Fy Hynafiaid a'm Rhieni, Paratoadau, Byrddau Cyhoeddus,
Cyngor Dosbarth Llanelli, Wyrcws a Chartref Plant Amddifad
Felin-foel, Llysoedd Trwyddedu Llanelli a Chaerfyrddin, Rasys
Milgwn, Clybiau Trwyddedu, Silicosis a Heddychiaeth.) Mae'r
is-deitlau hyn yn rhoi awgrym o rychwant y cynnwys. (Prysuraf
i ddweud nad oedd ganddo unrhyw ddiddordeb mewn dilyn
rasys milgwn na mynychu clybiau yfed, ac yntau'n gyn-
ysgrifennydd Pwyllgor Dirwest a Phynciau Cyhoeddus Undeb
Bedyddwyr Cymru!) Mae'r is-deitlau hefyd yn dangos bod y
llyfr arfaethedig wedi newid i fod yn fwy hunangofiannol na'r
un am hanes brwydr cwm Gwendraeth Fach yn unig. Hynny,
hwyrach, a'i rhwystrodd rhag gorffen y gwaith yn gynharach.

Wrth durio ymhellach yn y gist deuthum o hyd i gopi o lythyr a ysgrifennodd at Gyfarwyddwr y Cyngor Llyfrau Cymraeg bryd hynny, Mr Alun Creunant Davies, yn dweud wrtho fod y gwaith nawr bron yn barod i'w gyflwyno iddo ar gyfer gwneud cais am grant cyhoeddi. Ar ôl cyfnod byr o anhwylder wedi hynny bu farw Nhad.

Wedi darllen y sgript, na welodd olau dydd am dros ddeugain mlynedd, penderfynais fynd ati i olygu'r rhan am hanes Llangyndeyrn, a llanw rhai bylchau yma ac acw, er mwyn ei chyhoeddi'n gyfrol ar achlysur dathlu hanner canmlwyddiant uchafbwynt y frwydr.

Er na wyddai Nhad ddim am grefft llaw-fer, roedd ganddo gof anghyffredin a chroniclodd weithgareddau'r Pwyllgor Amddiffyn yn fanwl a chryno am bum mlynedd, fel y tystia'r llyfr cofnodion. Roedd yn fwriad ganddo, rwy'n siŵr, i enwi pawb a fyddai'n cymryd rhan yn y gweithgareddau yn Llangyndeyrn, oherwydd byddai hynny'n deyrnged i wasanaeth ac ymroddiad y bobl gyffredin a ddiogelodd dir a threftadaeth y gymuned Gymraeg arbennig honno yng nghwm Gwendraeth Fach. Ni ddileais un o'r enwau wrth olygu.

Brodor o Aberdâr oedd William Merfyn Rees. Ar wahân i'r

Fy rhieni, Y Parch. W. M. Rees ac E. M. Rees, llun a dynnwyd yn ystod cyfnod y frwydr

9

ddwy chwaer a brawd iddo a adnabûm, ni chlywais neb erioed yn ei alw wrth ei enw bedydd. 'Rhys' oedd Mam yn ei alw. 'W.M.' oedd i'w ffrindiau, a 'Rees y *Baptist'* i eraill – pan nad oedd ef yn y cwmni. Codwyd ef ar aelwyd grefyddol, Gymraeg, yn fab i löwr ac yn un o chwech o blant. Gwelodd lawer o ddioddefaint yn y cartref. Dioddefai un brawd iddo o ddolur yr arennau, ac ar gyngor ei feddyg aeth allan i Dde Affrica er mwyn byw mewn hinsawdd gynhesach. Bu farw cyn cyrraedd pen y fordaith ym mhorthladd Cape Town. Ymhen wyth mis bu brawd arall farw. Torrwyd asgwrn ei gefn mewn cwymp yn y gwaith glo a bu'n gorwedd ar wely yn ei gartref am ddwy flynedd heb allu symud. Roedd trydydd brawd hefyd yn frau ei iechyd. Gwnaeth y penteulu ymdrech fawr i gael dau ben llinyn ynghyd.

Pan ddôi mab i löwr i oedran gweithio y dyddiau hynny, byddai'n dilyn ei dad i'r lofa'n ddi-gwestiwn. Disgrifiodd Nhad, yn adran hunangofiannol y sgript a baratôdd, y profiad pan aeth i weithio yng nglofa'r Bwllfa:

Edrychai bechgyn ymlaen at ddechrau gweithio yno fel rheol, a gwisgent drowser 'mowlscin', neu 'ddyc' am ddyddiau cyn y dydd mawr. Ond nid oeddwn i am fynd yno am fy mod wedi dechrau dilyn dosbarth i'm paratoi i gael mynediad i'r *County School.*

Gweithiai'r glowyr naw awr y dydd, ond ar ddyddiau Iau a Gwener, gweithient am ddeng awr. Gan fod fy mhen-blwydd yn ystod tri dydd o wyliau ym mis Awst, dechreuais weithio ar Ddydd Iau. Roedd bod o dan ddaear am ddeng awr y dydd yn ystod y deuddydd cyntaf yn teimlo fel tragwyddoldeb. Euthum i lawr yn y caets i dywyllwch y pwll a minnau ond yn 13 oed. Anghofiaf i fyth y profiad. Aeth Nhad â mi i mewn i'r caets a ollyngai ddeg o ddynion i grombil y ddaear. Doedd gen i ddim ofn. Yr oedd yn hen draddodiad na châi bachgen a fyddai'n dechrau gweithio sefyll wrth enau rhwth y caets. Gofalwyd ei fod yn cael sefyll yn y canol rhwng gweithwyr eraill, pump ar bob ochr iddo. Byddai pob un yn dal yn dyn wrth ddolen, ond roedd hi'n dipyn o ymdrech i mi ymestyn i'w chyrraedd a chael gafael ynddi. Ymhen fawr o ddyddiau, serch hynny, roeddwn yn ddigon hyf, neu ffôl, i sefyll wrth enau'r caets. Â'r oriau'n hir a'r gwaith yn galed ofnadwy, edrychai'r glowyr ymlaen at ddyddiau rhyw Iwtopia wrth adrodd y pennill bach hwn a glywais lawer gwaith:

Wyth awr i weithio,
Wyth awr yn rhydd,
Wyth awr i gysgu
Ac wyth swllt y dydd.

Dywedais wrth fy rhieni na fyddwn yn parhau'n hir yn y lofa, gan fod fy mryd ar fynd i'r Weinidogaeth. Gweithiais yno hyd nes oeddwn yn ddeunaw oed, pryd y'm galwyd i fynd gerbron meddygon i gael gweld a oeddwn yn abl i fod yn filwr yn y Rhyfel Byd Cyntaf. Nid oeddwn am fod yn borthiant i ynnau. Gwrthodais fynd atynt gan ddweud fy mod yn gwrthod, ar dir cydwybod, i gael fy archwilio ganddynt. Roedd gennyf argyhoeddiadau nad oedd wrth fodd y militariaid. Cefais wysiad wedyn i ymddangos gerbron tribiwnlys. Ni fuaswn wedi mynd yno ychwaith oni bai am daerineb mam. Pan gyrhaeddais ystafell Cyngor Tref Aberdâr roedd hi'n llawn o bobl, ac yn eu plith, eisteddai pump o wŷr militaraidd eu bryd a oedd yn barod i'm holi i gael gweld a oedd gennyf gydwybod! Mynnais roi fy nhystiolaeth yn Gymraeg, er gwaethaf gwawd un ohonynt. Am fy mod yn gwrthod ei ateb yn Saesneg, gofynnodd a oeddwn wedi bod mewn ysgol erioed. Gwnaethant eu gorau i'm maglu wrth ddyfynnu o'r Hen Destament. Gwrthodais ildio i hynny, a sefais yn benderfynol ar sail dysgeidiaeth y Testament Newydd. Cyn iddynt gyhoeddi'r ddedfryd dywedais wrth y pump a oedd yno i'm barnu, na fyddwn yn gwneud unrhyw waith a orchymynent i mi ei gyflawni os byddai hynny'n cynorthwyo rhyfel mewn unrhyw fordd. Rhyddhawyd fi ar yr amod fy mod yn gadael y lofa a mynd i weithio fel cymynwr coed yn Llwydcoed.

Gweithiodd Nhad yno tan i'r rhyfel orffen. Wedi'i baratoi mewn ysgol ym Mhontypridd, cafodd fynediad i Goleg y Bedyddwyr ym Mangor. Derbyniodd alwad i fod yn weinidog yn y Tabernacl, Pontyberem, yn 1924 lle y gwasanaethodd am ddeugain mlynedd. Yn ystod y naw mlynedd olaf o'i Weinidogaeth unodd y Tabernacl â Bethel, Llangyndeyrn, a dyna'r pryd y symudodd y teulu – fy rhieni, Non fy chwaer, a minnau – o dŷ

11

cyngor ym Mhontyberem i'r mans yn Llangyndeyrn, o gwm glofaol Gwendraeth Fawr, dros y mynydd, i gwm amaethyddol Gwendraeth Fach.

Yn ei anerchiad yn Undeb Bedyddwyr Cymru yn 1971, y flwyddyn yr etholwyd ef yn Llywydd yr Undeb, dywedodd hyn: 'Naturiol oedd dewis testun sy'n gysylltiedig â gwaith fy mywyd. Dewisais "Yr Eglwys Filwriaethus".' Cyhoeddwyd yr anerchiad yn *Seren Gomer*, cylchgrawn yr enwad, ac yn ei golofn olygyddol disgrifiodd y Parch. Lewis Valentine ef fel hyn:

> anerchiad anghyffredin sydd yn rhoi syth yn ein hasgwrn cefn, ac yr wyf yn cwbl gytuno, ac o lwyrfryd calon yn derbyn ei safbwynt. A phed anghytunwn ag ef fe'i parchwn ac fe'i hanrhydeddwn fel gŵr sydd yn ddiysgog pan fo llawer yn gwegian.
>
> *Wrth weled gwaeled yw gwŷr,*
> *E gâr pawb y gŵr pybyr.*
>
> Yng Nghymru heddiw nid gŵr i'w barchu ydyw'r neb a gais sedd glyd ar glawdd, chwedl gair ein cymdogion y Saeson. Y mae'n galondid mawr fod ein pobl ieuainc wedi rhoddi derbyniad mor frwd i'r anerchiad hwn. Buont yn disgwyl am y gair awdurdodol hwn o 'lysoedd' yr enwadau, ac araf a fu'r arweinwyr yn datgan bod gwasanaethu Cymru yn ei thrueni a'i dryswch a'i chaethiwed yn rhan o'n dyletswydd tuag at yr Eglwys Filwriaethus.

Sôn am frwydro a wnaeth y Parch. W. Lliedi Williams hefyd yn ei gyflwyniad o'r heddychwr o lywydd yn *Seren Gomer*. Dyfynnaf ddarn sy'n sôn am un o'r ysgarmesoedd cynharaf y bu Nhad ynddynt – a'r ymgyrch olaf un:

> Ar ôl streic 1926, bu pobl Pontyberem yn crefu'n daer arno i sefyll fel ymgeisydd yn Etholiad y Cyngor Dosbarth. Cydsyniodd yntau ac ennill y sedd yn rhwydd ei wala. Dyna, ond odid, gychwyn ei yrfa fel ymladdwr dros iawnder dyn a chymdeithas; er mwyned ei ysbryd a'i fywyd, ni bu ymladdwr tecach na glewach. Fel aelod o Fwrdd Gwarcheidwaid Llanelli a'r Cylch, fe gymerodd ddiddordeb

llwyr iawn yng Nghartrefi'r Plant yn Felinfoel, ac yn Wyrcws Llanelli. Fe'i cythruddwyd yn aruthr o wybod galeted a saled a phrinned y bwyd. Galwodd sylw y pwyllgor arbennig a ymwnâi â'r materion hyn, ynghyd â'r holl Gyngor. Bu brwydr grasboeth rhyngddo ef a'r awdurdodau, yn cynnwys rhai gwarcheidwaid, a rhai swyddogion. Bu'r wasg leol yn ymaflyd codwm ag ef, a bu ei enw dan gabl, a bu raid iddo dorri cwys go unig ar adegau. Roedd ei wybodaeth ef o'r sefyllfa yn gwbl sicr, a gwnaeth ddatgeliadau brawychus parthed ansawdd a maint y bwyd a roddid i breswylwyr y ddau sefydliad uchod. Cafwyd ymhen hir a hwyr, ddau ymchwiliad, ac ennill ohono ef a'i gymheiriaid y maes ar eu gwrthwynebwyr.

Aeth ei enw'n dra chlodfawr yn y blynyddoedd diwethaf hyn oherwydd y safiad digymrodedd a wnaeth ef ac eraill tuag at arbed Llangyndeyrn a'i fröydd prydferth, cnydfawr, rhag cael eu boddi i sicrhau cronfa ddŵr i Ddinas Abertawe. Ei gartref ef oedd pencadlys yr holl weithgareddau, a haedda ef a'i briod hawddgar, ddiolch hael... Y mae hanes yr ymdrech daerwych hon yn saga wiw. Ceisir dwyn perswâd ar W. M. Rees i gyhoeddi cyfrol yn adrodd hynt a helynt rhai o'i frwydrau, gan roi lle amlwg i hanes yr ymdrech lwyddiannus i ddiogelu Llangyndeyrn rhag wynebu'r un dynged â Thryweryn a Chlywedog. Cydsyniodd yntau ac edrychir ymlaen yn awchus am gyfrol y bydd gwir fin a blas arni.

Yn yr un rhifyn o *Seren Gomer* ymddangosodd y soned hon amdano gan gyfaill arall, y diweddar Brifardd, y Parch. Rhydwen Williams:

Yr Alwad

Bydd rhai yn mynd am ramant i bellterau'r lloer,
A rhai yn gwrando her y dyfnder dall,
Bydd rhai yn cael yr Alwad ar ryw begwn oer,
A rhai mewn gwig â'i gwrendy'n ddwys, ddi-ball.
Bydd rhai yn casglu tanwydd henaint hir,
Bitw ystori bywyd, ar ryw alpau pell:
Bydd rhai yn mentro a marw dros ledrithiol dir,
A rhai yn profi'r 'foment fawr' mewn cell.
Tithau, heb chwennych sylw ac heb chwilio clod,
Dy 'ie' di yn 'ie', a'th 'na' yn 'na',

Rhyw 'ddygnu arni' oedd dy unig nod,
Diwyd fel dringwr â'i fwyell ar yr iâ.
Heddiw, ar gopa'r Alwad, ymlaca di,
Ddeng mil o droedfeddi'n uwch na'n chwifio ni.

Pum mlynedd barodd Brwydr Llangyndeyrn a phum mlynedd barodd Terfysg Beca yn yr ardal, rhwng 1839 a 1844. Yn y naill achos, cadwyno, cloi ac amddiffyn eu clwydi a wnaeth ffermwyr y pentref i rwystro mynediad i beirianwyr archwilio'u tiroedd; yn y llall, ymosod a difrodi clwydi'r ardal a wnaeth Merched Beca am iddynt fod yn symbolau o anghyfiawnder a gorthrwm. Gwelodd Gwenallt yr eironi hwn a chyfeiriodd ato mewn rhan o'i gerdd i *Sir Gaerfyrddin*:

Mor bwysig yn hanes gwleidyddol ac economaidd y Sir yw'r clwydi.
Gwŷr y Beca Anghydffurfiol yn cario'r ceffyl pren a'r gynnau,
A malu'r clwydi â bwyell a bilwg a gordd. A ffermwyr Llangyndeyrn
Yn cloi, yn cadwyno'r clwydi; a rhoi tractor ym mhob bwlch ac adwy;
A chloch yr Eglwys yn gwylio'r ffiniau rhag y Lefiathan Sosialaidd.

Er taw am gyfnod cymharol fyr y bûm yn byw yn Llangyndeyrn, eto, mae gennyf gysylltiadau teuluol â'r pentref, ar ochor Mam, sy'n mynd 'nôl am genedlaethau. Er enghraifft, y mae un o'm cyndeidiau, y Parch. Evan Evans (1760–1833), hen, hen, hen dadcu i mi, yn gorwedd ym mynwent yr Eglwys. Yr oedd yn byw yng Nghilcarw, fferm ar lechwedd Mynydd Llangyndeyrn, ac yno ganed ei fab, Stephen (1799–1873), un o arweinwyr amlwg Beca. Adroddwyd hanes am y cymeriad lliwgar hwn gan Pat Molloy yn ei lyfr, *And They Blessed Rebecca: An Account of the Welsh Toll-gate Riots 1839–1844*. Yn y cyfarfod mwyaf a drefnwyd i gefnogi canlynwyr Beca, ar ddydd Gwener, 25 Awst 1843, yr oedd 4,000 o bobl wedi ymgasglu ar Fynydd Sylen, uwchlaw Pontyberem. Yr oedd gohebyddion y *Carmarthen Journal* a *The Times*, Llundain, yno'n cofnodi'r digwyddiad. Anerchodd y prif siaradwyr y dyrfa oddi ar goets agored. Etholwyd cadeirydd, William Chambers, ynad o Lanelli, a gofynnwyd i Hugh Williams, cyfreithiwr o Gaerfyrddin, i ddarllen y petisiwn a baratôdd i'r Frenhines. Ynddo cyfeiriwyd at gŵynion yr ardalwyr tlawd a oedd dan orthrwm, ac arafwch y llywodraeth i wrando arnynt. Pasiwyd nifer o benderfyniadau ar ôl hynny a chytunwyd na fyddai Merched Beca mwyach yn cyfarfod yn ystod oriau'r nos. Disgrifiodd Pat Molloy beth a ddilynodd wedyn: 'For all its demands it was a petition couched in the most respectable terms of supplication to the Queen, and with a touch of irony, it fell to farmer Stephen Evans of Cilcarw to read it out in Welsh and to move its adoption. Stephen Evans, whom many present knew to be an active night-riding Rebecca leader!'

Digwyddodd brwydr Llangyndeyrn yn union ar ôl methiant Tryweryn. Yn wir, pan oedd dŵr Afon Tryweryn heb eto lanw'r gronfa, yr oedd pentrefwyr Llangyndeyrn yn cynnal cyfarfod dathlu eu buddugoliaeth hwy. Cafodd cwm Gwendraeth Fach gyhoeddusrwydd mawr yn y wasg a'r cyfryngau yn ystod blynyddoedd yr ymgyrch, ond yr hyn sy'n rhyfedd yw na chafodd y sylw haeddiannol gan haneswyr diweddar Cymru. Yn wahanol i aflwyddiant ymgyrch Tryweryn, ychydig o sôn sydd yn ein llyfrau hanes am lwyddiant gloyw brwydr Llangyndeyrn. Pam? Ydyw'r methiannau yn ein hanes yn apelio mwy na'r llwyddiannau? Neu, a'i roi mewn ffordd arall, a oedd llwyddiant Saeson dinas Lerpwl yn Nhryweryn yn fwy o 'stori' na methiant Cymry tref Abertawe yn Llangyndeyrn? Dadleuodd rhai, wrth gyferbynnu'r ddwy ymgyrch, bod Tryweryn wedi cael mwy o sylw na Llangyndeyrn oherwydd mai Saeson oedd ysbeilwyr y naill gwm a chyd-Gymry oedd gelyn y llall. Ond buasai'r golled i gymuned wledig Gymraeg cwm Gwendraeth Fach wedi bod yr un mor enbyd ag y bu i drigolion Tryweryn petai wedi colli'r dydd, ac onid yw hanes yn profi os oes un rhyfel yn ffyrnicach na'r llall, mai rhyfel cartref yw hwnnw? Tybed a oedd a wnelo penderfyniad y Pwyllgor Amddiffyn i wrthod cymorth pleidiol, cenedlaetholgar o'r tu allan i gydrannu'r arweinyddiaeth, rywbeth i wneud â'r mater?

Gwnaeth un ymchwilydd, Lowri Thomas, astudiaeth i brofi bod yna le teilwng iawn i frwydr Llangyndeyrn o fewn hanesyddiaeth Cymru, ac am na chafodd y sylw haeddiannol, bod yna fwlch y dylid ei gywiro. Roedd y chwedegau, meddai, yn gyfnod o ddeffro a chyffro cenedlaethol pryd tynnwyd sylw at anghyfiawnderau gwleidyddol a chymdeithasol a fodolai yng Nghymru, a bu'r protestiadau a ddigwyddodd yn fodd i newid cwrs llif hanes Cymru. Dadleuodd bod brwydr Llangyndeyrn yn rhan annatod o'r llif hwnnw. 'Yr hyn sy'n warthus,' meddai, 'yw nad oes yna gydnabyddiaeth, y rhan fwyaf o'r amser, i Langyndeyrn o fewn llyfrau hanes cyffredinol sy'n sôn am y cyfnod. Brawddeg yn unig sydd mewn ychydig lyfrau, tra nad yw eraill yn crybwyll yr hanes o gwbl.'

Beth oedd cyfrinach llwyddiant Llangyndeyrn? Dyma fel y crynhodd Robert Rhys y rhesymau yn *Cloi'r Clwydi*, y gyfrol a gyhoeddwyd i ddathlu ugain mlwyddiant y frwydr yn 1983:

1. *Arweinyddiaeth Ardderchog.* Roedd William Thomas [Cadeirydd y Pwyllgor Amddiffyn] a W. M. Rees yn ymladdwyr digyfaddawd a chanddynt y gallu i ysbrydoli a thanio'r Pwyllgor Amddiffyn pan fyddai pethau yn edrych yn ddu. Defnyddiodd W. T. ei gysylltiadau ym maes Llywodraeth Leol yn effeithiol dros ben, a defnyddiodd W. M. R. yntau'r wasg a'r cyfryngau i bwrpas.

2. *Undod Barn.* Er i ambell grac bychan ymddangos o bryd i'w gilydd ni fygythiwyd unoliaeth y Pwyllgor Amddiffyn. Ni lwyddwyd i danseilio'r gwrthsafiad trwy rannu'r trigolion.

3. *Cymorth y Cyngor Gwledig a'r Undebau Amaethyddol.* Cyfeiriwyd sawl gwaith at hyn – ond pwysig ychwanegu nad aeth yr ymgyrch fyth o afael y bobl leol, gwahaniaeth amlwg rhwng Llangyndeyrn a brwydrau eraill cyffelyb.

4. *Arwriaeth a Ffeithiau yn Cydweithio.* Dyma'r pwynt allweddol. Ni fuasai'r naill wedi llwyddo heb y llall. Yr oedd y gwrthsafiad wrth gatiau Glanyrynys ym mis Hydref 1963, a'r grasfa a roddwyd i gynrychiolwyr y gelyn yn y neuadd ddechrau Chwefror 1964 mor bwysig â'i gilydd. Penderfynwyd o'r cychwyn cyntaf nad oedd pwrpas ymladd y frwydr ar dir emosiwn yn unig, a bod yn rhaid cyflwyno gwrthddadl effeithiol a fyddai'n cynnig gwell cynllun.

Cyfeiriodd Lowri Thomas hefyd at yr arweinyddiaeth. Meddai, 'Sicrhawyd drwy arweinyddiaeth a mentergarwch y ddau ŵr arloesol yma ffocws glir i'w hymgyrch. Yn wir, bu'r ddau ŵr, ynghyd â'r Pwyllgor Amddiffyn, yn angor cadarn i lywio'r ymgyrch i fuddugoliaeth... ac mae hynny'n cael ei gydnabod hyd heddiw ar lafar gwlad. Nid oeddynt yn mynd i adael i unrhyw gorfforaeth gerdded drostynt a chymryd mantais ohonynt'. Dangosodd, wrth ddyfynnu Dafydd Wigley, y gwahaniaeth sylfaenol hwn rhwng Llangyndeyrn a Thryweryn: 'Tryweryn showed how a community could be totally incapable of defending itself. Liverpool had its own way regardless. The Westminster Parliament overruled all local opposition'.

Yn achos Llangyndeyrn, fel y soniwyd eisoes, mynnwyd bod y frwydr yn cael ei harwain a'i rheoli'n lleol rhag iddi gael ei throi'n ymrafael gwleidyddol rhwng y pleidiau. Wrth gwrs, croesawodd a gwerthfawrogodd y Pwyllgor Amddiffyn bob gair o gefnogaeth a gafwyd o bob rhan o Gymru a thu hwnt, a bu hynny'n ysbrydoliaeth fawr i'r aelodau pan oedd y cymylau du yn crynhoi. Ond gwrthodwyd cael eu temtio i ollwng gafael ar yr olwyn yrru a'i rhoi yn nwylo neb arall. Er enghraifft, derbyniodd y Pwyllgor Amddiffyn gynnig o gymorth gan Blaid Cymru, ond fe'i gwrthodwyd yn gwrtais am y rheswm hwnnw. Roedd yn ddewis anodd i wrthod cymorth y marferol, yn enwedig mewn cyfnod o gyfyngder, ond daliwyd at y penderfyniad yn gadarn. Mewn llythyr a ysgrifennodd Saunders Lewis at Nhad, dywedodd bod ymdrech pentrefwyr Llangyndeyrn wedi codi'i galon yn fawr iawn, ond fe'i siomwyd, meddai, am nad oedd Gwynfor Evans, Llywydd Plaid Cymru, yn arwain gyda hwy. Gwyddai Nhad o'r gorau fod Gwynfor wedi bod yn awyddus iawn i gynnig ei gymorth. Rhag gwneud cam ag ef yn yr achos hwn, ysgrifennodd Nhad ar waelod llythyr Saunders, fel ei bod yn glir i unrhyw un a ddarllenai hwnnw yn y dyfodol, 'Parod ydoedd, ond penderfynodd y Pwyllgor Amddiffyn eu bod yn arbed i'r frwydr fynd yn un boliticaidd'.

Cyfeiriodd Rhys Evans at y penderfyniad hwn gan y Pwyllgor Amddiffyn yn ei gofiant i Gwynfor Evans. 'Yn

Llythyr cefnogol Saunders Lewis ac esboniad Nhad ynghylch Gwynfor Evans

achos Llangyndeyrn rhybuddiwyd Gwynfor gan y Pwyllgor
Amddiffyn i gadw draw, gan gymaint eu hofn y byddai ei
bresenoldeb yn niweidio'u brwydr yn erbyn Corfforaeth Lafur
Abertawe. Y cwbl y medrai Gwynfor ei wneud, felly, oedd
awgrymu cynllun arall i ddiwallu anghenion dŵr Abertawe
trwy godi cronfa ym mhen uchaf Dyffryn Tywi. Dyna a
ddigwyddodd yn y diwedd, ac achubwyd Llangyndeyrn, ond

ni chafodd Gwynfor ddim o'r clod haeddiannol am ei ran fwy preifat yn y frwydr.'

Ni siomwyd Gwynfor am na chafodd ran flaenllaw yn arwain brwydr Llangyndeyrn. I'r gwrthwyneb, mae'n amlwg bod arwriaeth pobl gyffredin y pentref a'r ardal, a hwythau yn ymladd ar eu pennau eu hunain, wedi'i galonogi'n fawr iawn. Dywedodd hyn amdanynt:

Un o'r penodau disgleiriaf yn hanes diweddar Cymru yw'r modd yr amddiffynnodd pobl Llangyndeyrn eu cymdeithas a'u treftadaeth. Yr oedd yn batrwm o amddiffyniad, yn ei benderfyniad di-ildio, ei gydweithrediad ffyddlon a chlòs, a'i ddyfalbarhad. Yn nydd y chwalfa fawr ar fywyd Cymru mor dda oedd gweld diogelu'r gymdeithas Gymraeg yn nyffryn Gwendraeth Fach. Gwyn ein byd pe ailadroddid yr ymdrech ar raddfa genedlaethol, fel y diogelid cymdeithas a threftadaeth y genedl gyfan.

Sefyll yn y Bwlch

Brwydr Llangyndeyrn 1960–1965

W. M. REES

Bygwth ein Heddwch

BORE RHYFEDDOL o fwyn a thawel oedd dydd Mawrth, 16 Chwefror 1960. Eisoes roedd arwyddion y gwanwyn i'w gweld yn y tir. Roedd prysurdeb cynnar y pentref bach gwledig wedi darfod – y gwaith godro ar y ffermydd cyfagos wedi'i gwblhau, y lorïau llaeth wedi mynd heibio â'u llwythi i'r ffatri yng Nghaerfyrddin, y bysys wedi casglu'r teithwyr o'r sgwâr a'u cario i'w gwaith yn y dre, ac roedd plant y pentref wrth eu gwersi yn eu hysgol. Teimlais y bore hwnnw, fel amryw foreau eraill, bod rhyw dawelwch tangnefeddus wedi disgyn dros Langyndeyrn. Ar ôl brecwast penderfynais fynd i'r stydi i ddarllen a pharatoi ychydig ar gyfer y Sul. Bu Bro Dawel, mans Bethel, Capel y Bedyddwyr, a safai ar sgwâr y pentref, yn gartref i'r teulu ers i mi gymryd gofal o'r ddiadell bedair blynedd ynghynt, pan wahoddwyd fi i rannu fy ngweinidogaeth yno gyda'r Tabernacl, Pontyberem.

Ymhen ychydig clywais y gŵr a ddosbarthai'r papur dyddiol yn sgwrsio gyda'm priod, yn uwch ei lais nag arfer. Gyda hynny, daeth hithau i'r stydi. 'Mae Mr Smith yn dweud bod newyddion go ddrwg yn y *Western Mail* y bore 'ma', meddai. 'Mae 'na sôn am foddi Llangyndeyrn'. Wfftiais y fath nonsens hyd nes i mi gydio yn y papur a gweld pennawd bras y stori flaen yn cyhoeddi'n syfrdanol: A WELSH VALLEY FACES DEATH BY DROWNING: Giant reservoir plan.

Yn ôl adroddiad y papur roedd Bwrdd Dŵr De-orllewin Cymru, a gyfarfu yng Nghaerfyrddin y dydd blaenorol, wedi trafod cynlluniau a dderbyniwyd i foddi un o ddau gwm yn y sir er mwyn sicrhau cyflenwad digonol o ddŵr i ddiwydiannau yn ardaloedd poblog Abertawe, Port Talbot a Chastell-nedd. Golygai'r naill gynllun gronni afon Cothi uwchlaw Brechfa yng

Golygfa o gwm prydferth Gwendraeth Fach o ben tŵr Eglwys
Llangyndeyrn, a rhan o'r pentref islaw
(Llun: Gwydion Wynne)

ngogledd y sir, a boddi pentrefi Nant-y-ffin ac Abergorlech. Yn
ôl y peirianwyr ymgynghorol a gyflogwyd ar gyfer y cynllun,
byddai'r gronfa'n cyflenwi 103,000 miliwn o alwyni o ddŵr yn
ddyddiol.

Golygai'r ail gynllun greu cronfa fawr yn nyffryn Gwendraeth
Fach, rhwng Llangyndeyrn a Phorth-y-rhyd, i ddal 12,000
miliwn o alwyni o ddŵr. Ond, gan na fyddai digon o ddŵr yn
afon Gwendraeth Fach i gadw'r gronfa'n llawn, byddai'n rhaid
pwmpio i mewn iddi o leiaf 60 miliwn o alwyni'r dydd o afon
Tywi, ac yna ei bwmpio oddi yno drwy bibelli i Felindre ger
Abertawe.

Dywedodd adroddiad y *Western Mail* ymhellach bod clerc
y bwrdd dŵr, E. A. Griffiths, wedi rhybuddio'r peirianwyr
ymgynghorol y gellid disgwyl gwrthwynebiad llym pe dewisid
cynllun Cothi, gan fod yr ardal yn atynfa fawr i bysgotwyr
cyfoethog a dylanwadol. Ategodd cadeirydd Cymdeithas
Bysgota Abertawe, A. K. Marcer, y byddai ei gymdeithas ef, a
phob pysgotwr yn y wlad, yn ei wrthwynebu hefyd.

Beth am y cynllun yn nyffryn cynhyrchiol Gwendraeth Fach? Ni fyddai aelodau Sir Gaerfyrddin o'r bwrdd yn rhoi unrhyw rwystr ar ffordd Abertawe i gael cyflenwad digonol o ddŵr oddi yno, meddai'r Henadur Frank Davies, Caerfyrddin, ar yr amod y gofelid i ddiogelu cyflenwad digonol i ddiwydiannau a fyddai'n cael eu sefydlu yn y sir honno yn y dyfodol. Ni ddangosodd D. C. Concallon, Abertawe, ronyn o gydymdeimlad â'r rhai fyddai'n colli eu tir, eu bywoliaeth a'u cartrefi. Pwrpas y cynigion ger eu bron oedd sicrhau datblygiad diwydiannol ehangach yn y dyfodol. 'There is a price to pay if we want that,' meddai. Serch hynny, mynegodd y Cynghorydd W. D. Davies, Caerfyrddin, ei bryder ynglŷn â'r cynlluniau a'u heffaith ar y rhai a fyddai'n cael eu hamddifadu o'u ffermydd a'u tir. 'Mae hyn yn ymddangos fel Tryweryn arall,' meddai.

Ymhen deuddydd dyma golofn olygyddol y *Western Mail* yn beirniadu'r sylw a'r gymhariaeth honno:

> The plan for a reservoir in Carmarthenshire has been indignantly called 'another Tryweryn.' It will not help to confuse this particular scheme with the entirely different circumstances surrounding the other dispute. The passions aroused over Tryweryn cannot justifiably be invoked in this instance. There is, however, one common factor and that is the high-handed approach of the planners...The farmers complain that flooding either of the two valleys proposed would inundate good dairy grazing. Yet surely it is easier to find good pasture than a suitable natural site for a large reservoir?
>
> Other critics believe it would spoil the beauty of this particular scheme. Yet, man-made reservoirs in Wales have enhanced its beauty – and at worst not marred it... Purely local objections are based on the rather flimsy and querulous grounds that this is Carmarthenshire water and only that county should benefit. The logical outcome of such an attitude is the reduction of all visionary proposals to the parish pump level.

Cawsom wybod, drwy'r wasg, y byddai cynllun Gwendraeth Fach yn costio tua £11 miliwn o bunnau a chymerai bedair blynedd i gwblhau'r rhan gyntaf ohono. Yr oedd sôn hefyd y byddai'n rhaid boddi pentref Porth-y-rhyd, lle'r oedd 40 o dai, dwy dafarn, tair siop, capel a swyddfa'r post. Byddai'n rhaid ailadeiladu'r pentref ar dir uwch, ganllath i'r dwyrain o'i safle presennol.

Hyd yn hyn bu swyddogion Corfforaeth Abertawe yn ffodus i allu adeiladu cronfeydd dŵr heb fawr o rwystr na gwrthwynebiad lleol i'w cynlluniau. Agorwyd cronfa ar afon Crai yn Sir Frycheiniog yn 1907, ac wrth i'r galw am fwy o ddŵr gynyddu, agorwyd un arall ar afon Wysg yn 1955. Ond, ymhen pedair blynedd yn unig ar ôl i'r Frenhines a Dug Caeredin agor honno, gwelwyd na fyddai'n ddigonol i ateb y galw cynyddol yn y dyfodol. Yr oedd gwaith dur newydd Llanwern ar fin cael ei agor a byddai hwnnw'n gofyn am gyflenwad ychwanegol sylweddol.

Yn wir, amcangyfrifodd Rheolwr a Pheiriannydd Dŵr y Fwrdeistref y byddai'r galw o'r cronfeydd presennol yn cynyddu o 15.90 miliwn galwyn y dydd i 23.996 miliwn galwyn rhwng 1960 a 1970. Aeth y Gorfforaeth ati ar fyrder i drafod y sefyllfa gyda'r ymgynghorwyr Binnie, Deacon and Gourley i gael gweld sut y gellid datrys y broblem.

Cafwyd ymateb cryf a buan o Sir Gaerfyrddin. Condemniwyd y cynlluniau gan Gyngor Gwledig Caerfyrddin, a ddadleuodd mai ffolineb fyddai amddifadu'r sir o ddŵr, ei hadnodd gwerthfawr, a hithau ei hun yn ymdrechu i ddenu diwydiannau i orllewin Cymru. Pe byddai cwm Gwendraeth Fach yn cael ei foddi, collai'r wlad, yn ogystal, un o'i dyffrynnoedd amaethyddol ffrwythlonaf. Galwodd y Cyngor Sir ar yr holl gynghorau lleol i ddod at ei gilydd i baratoi gwrthwynebiad i'w anfon i'r Gweinidog Tai a Llywodraeth Leol. Gofynnodd Undeb Cenedlaethol yr Amaethwyr i bob Aelod Seneddol Cymreig i fynnu mwy o wybodaeth am y cynlluniau gan y Gweinidog. Yr ateb a gafwyd o Gaerdydd gan lefarydd ar ei ran oedd mai cais oedd hwn i roi dŵr o Gymru i ddiwydiannau yng Nghymru. Nid Tryweryn arall ydoedd.

Yn dilyn y storïau bygythiol yn y wasg am foddi tir ffrwythlon cwm Gwendraeth Fach, cynhaliodd Undeb Amaethwyr Cymru gyfarfod yn ysgol gynradd Llangyndeyrn ar 26 Chwefror 1960 pryd y cytunwyd y dylid ffurfio, yn ddiymdroi, bwyllgor i amddiffyn y dyffryn. Credwyd mai'r peth pwysicaf i'w wneud oedd galw cyfarfod cyhoeddus o holl drigolion y cwm i drafod y sefyllfa beryglus.

Fe gynhaliwyd hwnnw ar 23 Mawrth yn neuadd eglwys Llangyndeyrn. Bwriad y cyfarfod oedd trafod 'pa fesurau i'w cymryd i wrthwynebu bwriad corfforaethau Abertawe, Castellnedd a Phort Talbot i foddi cwm Gwendraeth Fach i'r pwrpas o gronni dŵr ar gyfer anghenion diwydiant'. Etholwyd i'r gadair y Cynghorydd William Thomas, Y Banc, Llangyndeyrn, aelod o Gyngor Gwledig Caerfyrddin, a gŵr adnabyddus yn yr ardal a fu'n ffermio Glanyrynys tan i'w fab ei ddilyn yno. Clywyd nifer dda yn gwrthwynebu'r cynllun yn frwd. Dadleuwyd bod safleoedd llawer mwy addas na chwm Gwendraeth i'w cael yn y sir, lle gellid adeiladu cronfa ddŵr mewn mannau anghysbell, heb orfod rheibio cymdogaeth dda na dinistrio bywoliaeth ei phobl.

Ar ôl i bawb fynegi eu barn, gofynnwyd i mi lunio nifer o lythyrau – llythyr o brotest i'w anfon i Abertawe, a llythyrau yn gofyn am gefnogaeth Cyngor Sir Caerfyrddin, Cyngor Gwledig Caerfyrddin, a'r Fonesig Megan Lloyd George, yr Aelod Seneddol dros Gaerfyrddin. Hysbysais y wasg, y BBC a TWW (Television Wales and the West), bod Undeb Amaethwyr Cymru yn trefnu cyfarfod cyhoeddus arall y nos Wener ddilynol yn ysgol y pentref.

Daeth cynulliad da i wrando ar nifer o aelodau'r undeb yn siarad yn ddi-flewyn-ar-dafod yn y cyfarfod hwn. Condemniwyd ystryw lechwraidd gwŷr Abertawe am nad oeddent wedi cysylltu â neb a fyddai'n cael ei effeithio mor andwyol gan eu cynllun, a datgelwyd mwy o wybodaeth am eu bwriadau. Dywedwyd y byddai rhai ffermydd a phentref Cwmisfael o dan y dŵr, a byddai oddeutu 40 o ffermydd yn cael eu niweidio'n ddifrifol pe gwireddid y cynllun. Effeithid yn aruthrol ar fywyd economaidd yr ardal gan y byddai o leiaf fil o erwau o dir da dan ddŵr. Dadleuwyd hefyd fod digonedd o diroedd diffaith yn y sir a fyddai'n addas i adeiladu cronfeydd heb orfod ymyrryd â bywoliaeth neb. Ac oni ddylai'r Llywodraeth fynd ati ar unwaith i sefydlu bwrdd dŵr cenedlaethol i roi trefn ar y system ddiffygiol bresennol? Addawodd cynrychiolwyr o'r undeb roi pob cefnogaeth i'r ymgyrch i atal y fath anrhaith ar gymuned wledig, Gymraeg ei hiaith.

Y cam pwysicaf a wnaeth y cyfarfod, serch hynny, oedd penderfynu ffurfio Pwyllgor Amddiffyn i ymladd y frwydr. Cynhwysai chwe aelod o Langyndeyrn a chwech o ardal Llanddarog, ac etholwyd y Cynghorydd William Thomas yn Gadeirydd a minnau'n Ysgrifennydd. Cyfarfu'r pwyllgor yn union ar ôl y cyfarfod cyhoeddus, a'n gorchwyl cyntaf oedd cysylltu ag Aelod Seneddol Caerfyrddin, gan inni ddeall y byddai'r Fonesig Megan yn ymweld â Phorth-y-rhyd y dydd canlynol yng nghartref y Cynghorydd Islwyn Thomas.

Penodwyd pedwar o'r Pwyllgor Amddiffyn i'w chyfarfod, sef William Thomas, Emlyn Thomas, Undeb Amaethwyr Cymru, y Cynghorydd Islwyn Thomas, a oedd yn aelod o Gyngor Gwledig Caerfyrddin, a minnau. Cawsom groeso cynnes a chwrtais ganddi, ac ar ôl sgwrsio am dros awr a hanner, addawodd y byddai'n barod i roi pob help i ni yn ein hymdrech i ddiogelu'r cwm. Dywedodd y byddai'n holi Henry Brooke, y Gweinidog Tai a Llywodraeth Leol a Gweinidog Dros Faterion Cymreig, yn Nhŷ'r Cyffredin i weld sut oedd y pwyllgor ymgynghorol yn dod ymlaen â'i ymchwiliad i adnoddau dŵr Cymru, a byddai'n gofyn am adroddiad buan. Addawodd hefyd i gysylltu â mi pe câi unrhyw wybodaeth a fyddai'n ddefnyddiol i'n hachos, a gwnes innau'r un addewid iddi hithau.

Cyfarfod Protest Porth-y-rhyd

Gan fod y posibilrwydd o ddymchwel ac ailadeiladu pentref Porth-y-rhyd yng nghynllun Abertawe, aeth Cyngor Plwyf Llanddarog ati i drefnu cyfarfod protest ar 11 Ebrill. Beirniadwyd Corfforaeth Abertawe yn hallt am y 'modd haerllug' yr aethpwyd

Y Fonesig Megan Lloyd George, Aelod Seneddol Caerfyrddin, gyda
swyddogion ar un o gaeau fferm Panteg yn Llangyndeyrn. Perchennog y
fferm, Harry Williams, sy'n sefyll ar y dde

ati i gyflwyno'r cynllun i'r Weinyddiaeth, heb ymgynghori o
gwbl â phobl ac awdurdodau lleol y sir. Penderfynodd y cyfarfod
yn unfrydol i ymladd yn ei erbyn. 'Byddwn yn gwrthwynebu ar
dir moesol a rheswm,' meddai cadeirydd y cyfarfod, William
Gealy, Y. H. 'Yr unig amser y bydda i yn gadael fy nghartre,
lle ganed fy mam o'm blaen i, yw pan fydda i'n cael fy nghario
mas ohono,' meddai Mrs Letitia Walters, tafarnwraig 70 oed
Adadam Arms. 'Nid difa clwstwr o dai fyddai'r cynllun yma'n
ei wneud, ond yn hytrach llofruddio pentref yn ddidrugaredd,'
meddai'r Parch. E. Bryn Jones, gweinidog Capel Bethlehem,
Porth-y-rhyd. Mewn araith ddeifiol ar fwriadau Abertawe,
dywedodd Islwyn Thomas y byddai'n fuddiol i Gorfforaeth
Abertawe gofio bod Rebeca a'i Merched wedi ymladd yn erbyn

trais yn y cwmwd hwn, a bod yr un ysbryd yn dal yn fyw o hyd ym mron ei drigolion. Pe gwireddid bwriad Abertawe byddai pentrefwyr Llangyndeyrn yn byw o dan gysgod gwrthglawdd enfawr, gan ofni trychineb enbyd ddydd a nos, ychwanegodd y Cynghorydd William Thomas. Siaradwyd hefyd gan D. M. Davies, aelod o Gyngor Sir Caerfyrddin, yr Henadur Edgar Lewis, Gorslas a'r Parchedigion David Williams ac Alun Williams, ficeriaid Llanddarog a Llangyndeyrn.

I gynnal ymgyrch effeithiol sylweddolwyd y byddai'n rhaid wrth gronfa er mwyn talu am gyngor arbenigol gan beirianwyr a syrfewyr, a sefydlu pwyllgor i lywio'r gwaith. Sefydlwyd, felly, bwyllgor yn cynnwys Emlyn Thomas, Islwyn Thomas, William Thomas, William Gealy a minnau.

Adroddiadau'r wasg oedd yr unig ffynhonnell oedd gennym i gael unrhyw wybodaeth ynglŷn â beth oedd yn digwydd y tu ôl i'r llenni yn Abertawe yn y cyfnod hwn. Ymhen mis darllenais yn y papur dyddiol bod 16 o awdurdodau lleol, yn cynrychioli Gorllewin Morgannwg, Sir Gaerfyrddin a De-orllewin Brycheiniog, wedi cwrdd i drafod anghenion ac adnoddau dŵr eu hardaloedd. Daeth dros gant o bobl i'r gynhadledd a chynrychiolwyd cynghorau Abertawe, Llwchwr, Bro Gŵyr, Pontardawe, Ystradgynlais, Port Talbot, Glyn-nedd, Glyncorrwg, Y Faenor a Phenderyn, Caerfyrddin, Llanelli, Cydweli a Phorth Tywyn.

Wrth agor, dywedodd y cadeirydd, swyddog o'r Swyddfa Gymreig, y byddai'n fuddiol iddynt ystyried gweithredu ar y cyd i ddarganfod un ffynhonnell sylweddol ei maint i gyflenwi digon o ddŵr i ddiwallu anghenion pawb. Cytunodd y gynhadledd y dylai awdurdodau Gorllewin Morgannwg sefydlu cydbwyllgor i ymchwilio i'r mater. Byddai'n cyfarfod am y tro cyntaf ar 1 Mehefin o dan gadeiryddiaeth Iorwerth Watkins, clerc tref Abertawe.

Oherwydd y galw cynyddol am ddŵr i ddiwydiannau a chartrefi, amcangyfrifwyd y byddai angen rhwng 40 a 50 miliwn o alwyni o ddŵr y dydd yn ychwanegol ar Orllewin Morgannwg ymhen rhwng deg a phymtheg mlynedd. Felly, yn ôl y cadeirydd, roedd yn rhaid wrth arolwg eang er mwyn creu sylfaen i bolisi'r Gweinidog Tai a Llywodraeth Leol.

Roedd boddi dyffryn Gwendraeth Fach yn un enghraifft dda o'r ateb y gellid ei gael, ond pwysleisiodd ei bod yn bosib dod o hyd i safleoedd eraill yn ogystal. Meddai gohebydd y papur: 'Yesterday's meeting should serve to allay slightly the fears of the villagers of Porth-y-rhyd who recently set up a village "defence committee" to fight proposals to flood the Gwendraeth Valley.' Ond ni roddodd y frawddeg honno gan y gohebydd un cysur na rhyddhad i ni yn Llangyndeyrn.

Adroddiad y Llywodraeth

Aeth misoedd heibio heb na si na sôn o gyfeiriad Abertawe. Yna ym mis Ebrill 1961 cyhoeddwyd yr adroddiad y bu disgwyl mawr amdano, *Report on the Water Resources of Wales*, adroddiad a gyflwynwyd i'r Senedd yn Llundain gan Henry Brooke. Gwaith oedd hwn a gomisiynwyd i gynghori'r Gweinidog Torïaidd ynglŷn â materion yn ymwneud â defnydd a chadwraeth adnoddau dŵr yng Nghymru, ac i fesur y galw am ddŵr hyd y gellid rhag-weld yn y dyfodol.

Rhannwyd Cymru i bum rhanbarth ar gyfer yr astudiaeth. Ystyriwyd y safleoedd posib i gronni dŵr o dan y penawdau canlynol: y gost, natur ddaearegol y wlad, a'r effaith ar amaethyddiaeth, ar gymunedau ac ar fwynderau. Gwelwyd mai yn ne-orllewin y wlad roedd y manteision gorau i elwa ar adnoddau ychwanegol.

Dywedodd y pwyllgor ei fod wedi ceisio bod mor wrthrychol â phosib wrth ymwneud â'r gwaith. Mae'n werth cofnodi rhai o'i sylwadau.

30. Effect on Agricultural Interests
Sites regarded as ideal by the water engineer because they are in the lower reaches of a river may for that very reason entail a serious loss of good farming land; these are areas where the soil is enriched with deep silt which has come down from the upper reaches of the catchment area. In general, the higher the altitude

of a water storage site, the less is the loss to agriculture. However, irrespective of the altitude, the site chosen for a reservoir is likely to be the best farming land in the neighbourhood. When farmers lose such land, stocking may be appreciably imbalanced...
It is appreciated that regard will have to be paid to fishing interests when specific development schemes are under consideration.

31. Possible Disturbance to Existing Communities
It often happens that a valley otherwise very suitable for a reservoir site has in it a few scattered farmsteads or cottages. There may be a tiny hamlet which has existed there for generations, and whose way of life is Welsh to the core. Though there are only a few people living there now, their homes are precious to them; there may be an old church, the graves of forefathers and perhaps an ancient monument with sacred associations. These people have a right to life, liberty and the pursuit of happiness where they happen to be. To destroy such a community might be an act of vandalism. The existence of a public attitude in Wales on this subject is a fact which must be recognized. We take the view that, in selecting reservoir sites, proper regard must be paid to the effects on existing homes and on the rural community of which the valley is a part, particularly in areas where the Welsh language is fighting for its existence. To disregard them might well lead to bitter controversies such as arose over the Tryweryn scheme and which are still fresh in the public mind. Accordingly, we classed as 'C' or rejected those sites where these considerations were paramount.

Ar ôl pwyso a mesur pob safle, fe'u gosodwyd mewn un o bedwar categori:
Safle 'A', lle na ddisgwylid fawr o wrthwynebiad;
Safle 'B', lle gellid disgwyl lefel gymedrol o wrthwynebiad;
Safle 'C', lle na ddylid ystyried datblygu oddieithr bod galw argyfyngus am ddŵr yn y wlad;
Safle 'D', safleoedd a oedd yn hollol anaddas.

Bu dyfarniad yr adroddiad hwn yn drychinebus i'n gobeithion. Gosodwyd cynllun Gwendraeth Fach yn Safle 'B'. Er iddo sôn ei fod wedi rhoi pwys wrth ystyried diogelu tir amaethyddol da, stoc, ffermdai, tai, yr iaith Gymraeg a rhyddid trigolion, ac er iddo rybuddio rhag fandaleiddio cymunedau gwledig a chreu cynnwrf ac ymryson fel y gwnaethpwyd yn Nhryweryn, beth wnaeth yr adroddiad? Anwybyddu'r cyfan hyn! Anwybyddu ei gyfarwyddiadau ei hun! Heb os, dylai cwm Gwendraeth fod wedi'i osod yn Safle 'C'. Wn i ddim pa fath o linyn mesur a ddefnyddiodd llunwyr yr adroddiad wrth benderfynu mai 'gradd gymedrol o wrthwynebiad' a ddisgwylid yn Llangyndeyrn, ond fe wnes i, ac eraill, benderfynu, ar ôl clywed am y cam mawr a wnaethant, y byddwn yn codi'n gwrthwynebiad i'r radd eithaf.

Yn Nhŷ'r Cyffredin ar 6 Mai, gofynnodd Cledwyn Hughes, Aelod Seneddol Môn, ac aelod o'r Wrthblaid, i Henry Brooke, beth a fwriadai wneud â'r adroddiad newydd. Yr ateb llugoer a roddwyd iddo oedd mai adroddiad ffeithiol oedd hwn yn rhoi amcangyfrif o'r galw posib am ddŵr yn y dyfodol, ac na chynhwysai unrhyw argymhellion arbennig iddo ef weithredu arnynt. Serch hynny, byddai o ddiddordeb i bawb oedd â chonsýrn am gadwraeth a'r defnydd o adnoddau dŵr.

Gofynnodd Cledwyn Hughes ymhellach, gan fod yr adroddiad wedi cadarnhau bod yna adnoddau enfawr yng Nghymru, a fyddai'r Gweinidog yn cadw mewn cof bod galw sylweddol yn y wlad am sefydlu bwrdd dŵr cenedlaethol, a hefyd wrth ystyried Caerdydd, Abertawe a Mynwy, a fyddai'n cynnwys, yn ogystal, farn yr ardaloedd gwledig. Atebodd y Gweinidog ei fod wedi'i gam-ddyfynnu pan ddywedwyd ei fod yn erbyn creu bwrdd dŵr cenedlaethol i Gymru. Yr hyn a ddywedodd, meddai, oedd nad oedd ef ei hun wedi'i argyhoeddi o'r angen am hynny, ond pe byddai pawb sydd ar hyn o bryd yn ymwneud â'r gwaith yn tybio y byddai o fantais i sefydlu bwrdd dŵr, yna, yn naturiol, y byddai'n ddyletswydd arno i ystyried y cais.

Erbyn hyn roeddem yn dechrau derbyn nifer o lythyrau o bob rhan o Gymru yn canmol ein safiad. Ymddangosodd un llythyr mwy cefnogol na'i gilydd yn y *South Wales Evening Post*, yng nghadarnle'r 'gelyn', o dan y pennawd 'Why not flood one

Daeth rhai o'm cymdogion i Fro Dawel i weld y llythyrau cefnogol a dderbyniwyd o bob rhan o Gymru. Ar eu traed y tu ôl i mi mae, Arwyn Richards, Ronald Smith a Non, fy merch; ac yn eistedd, o'r chwith, Terry Evans, Christopher Smith, Dewi Thomas, a'i fab David yn ei gôl
(Llun: *Carmarthen Journal*)

of the long, empty valleys?'. Ynddo dadleuodd Gwynfor Evans (a ddisgrifiwyd yn y papur fel 'a leading Carmarthenshire figure') yn gryf nad oedd angen boddi cwm Gwendraeth Fach am fod yna ardaloedd eraill yn y sir a fyddai'n fwy addas i greu cronfa ddŵr:

> Although the county in which the Gwendraeth lies hopes for industrial development, it will receive little benefit from the plan, for but a small fraction of the water collected is to be devoted for use within Carmarthenshire. The scheme thus illustrates the danger of letting technicians loose upon the country to choose a site favourable for one purpose, whether a reservoir, open cast mining or what-not, without considering the matter in its full social context.
>
> Is the Gwendraeth loss really necessary? For, if not, it is socially

indefensible. And it is unnecessary if the water can be obtained elsewhere in comparable quantity and at comparable cost. I submit that the water can be obtained elsewhere in Carmarthenshire without social or agricultural loss, if we are prepared to learn from our opponents in Tryweryn... In the upper Towy Valley, beyond Rhandir-mwyn, there are empty valleys where no one has lived for many years past. By flooding one of these, as much water could be impounded as in the Gwendraeth, but the social and agriculture loss would be wholly avoided...

Yn rhyfedd iawn bu yna dawelwch hir am bron i ddwy flynedd ar ôl hyn. Yn wir, roedd lle i obeithio bod y perygl wedi diflannu. Ond ni ddilewyd y Pwyllgor Amddiffyn – rhag ofn i'r ddraig godi'i phen unwaith eto.

Ond yna, ar 15 Mawrth 1963, hysbysodd y *Western Mail* fod y bygythiad i foddi'r cwm eto'n fyw. Mewn cyfarfod o gyngor llawn Corfforaeth Abertawe ar 21 Chwefror, pasiwyd cynnig gan Percy Morris bod y gorfforaeth yn derbyn argymhelliad yr is-bwyllgorau i roi blaenoriaeth i gynllun Gwendraeth Fach. Awdurdodwyd y clerc i geisio hawl gan y Gweinidog yn San Steffan, o dan Adran 8 o'r Ddeddf Dŵr 1948, i fynd mewn i diroedd y cwm gyda'r bwriad, yng ngeiriau trahaus cofnodion y Cyngor, 'to survey the lands forming the site of the proposed works and to take further steps in the matter as may be required'.

Mae'n siŵr bod rhybudd Rheolwr a Pheiriannydd Dŵr y Fwrdeistref wedi ysbarduno'r Gorfforaeth i symud yn fuan. Dywedodd hwnnw ei bod yn hanfodol i gronfa Crai fod bron yn llawn erbyn diwedd y mis er mwyn ateb y galw a fyddai'n digwydd yn ystod yr haf. Os na chawn ni law yn fuan, meddai, bydd y gronfa'n wag ymhen tua 30 diwrnod.

Arfogi ar Gyfer y Frwydr

AR ÔL DARLLEN y newyddion brawychus hyn aeth William Thomas a minnau ati i alw cyfarfod o'r Pwyllgor Amddiffyn y nos Iau dilynol yn neuadd Llangyndeyrn, a hysbysais y wasg o hynny. Yn ddiarwybod i ni, roedd Undeb Amaethwyr Cymru wedi galw cyfarfod yr un noson. Cytunwyd rhyngom i uno'r ddwy garfan, a phan ddechreuwyd y cyfarfod roedd cynulliad da wedi dod ynghyd. Rhoddodd William Thomas amlinelliad o'r sefyllfa gan fod perygl yn ein hwynebu unwaith eto, a galwodd ar bawb i ymuno mewn gwrthwynebiad cryf. Siaradodd pump ohonom yn gadarn yn erbyn bwriad Abertawe a ddeuai â'r fath anrhaith i'n dyffryn.

Gan fod rhai ohonom wedi mynd yn barod i gryn dipyn o draul ers dechrau'r ymgyrch yn 1960, cynigiodd Arwyn Richards, fferm y Llandre, y dylid ein digolledu. Yn sgil hynny, dewiswyd David Smith, Bragdy, yn ysgrifennydd a Harry Williams, Panteg, yn drysorydd i bwyllgor ariannol newydd, a fyddai, maes o law, yn ystyried codi cronfa i ariannu'r frwydr a oedd o'n blaen.

Cytunwyd y noson honno ei bod yn hanfodol i rannu'r newyddion gyda'r ardalwyr mewn cyfarfod cyhoeddus yn y pentref ar 2 Ebrill a dewiswyd siaradwyr. Gorlanwyd neuadd yr eglwys yn y cyfarfod hwn a barodd am dair awr. Ar ôl i'r Cadeirydd ofyn i'r Parch. Alun Williams, ficer Llangyndeyrn, i offrymu gweddi, galwodd ar y Cynghorydd Islwyn Thomas, Porth-y-rhyd, i annerch y gynulleidfa. Cydnabu ar y dechrau bod angen dŵr ar Gorfforaeth Abertawe, ond synnai'n fawr ei bod yn parhau i chwilio amdano yng nghwm Gwendraeth, yn enwedig ar ôl clywed dadleuon rhesymol yn erbyn hynny mewn cyfarfod arbennig y bu ef ynddo yn y dref honno. 'Cafodd rheswm oruchafiaeth ar ffolineb yn y cyfarfod hwnnw,' meddai. 'Nid oes gan y gorfforaeth hawl foesol i ddwyn ein tir ffrwythlon oddi arnom. Y mae lleoedd mwy addas iddynt na'r cwm hwn,' a haerodd mai dylanwad trwm pobl oedd â'u bryd ar ddiogelu eu pleserau pysgota ar lannau afon Tywi oedd y rheswm iddynt ddewis Gwendraeth Fach.

Cafwyd yn ogystal gyfraniadau gan nifer o bentrefwyr Llangyndeyrn: Elwyn Jones, Brisbane, 'Cofiwch, cas gŵr na charo'r wlad a'i maco'; Huw Williams, Panteg, 'Bydde hyn yn ddigon i dorri calon dyn'; Arwyn Richards, Llandre, 'Mae nhw wedi dewis ein dyffryn ni am nad oes samwn na sewin yn ein hafon'; Dewi Thomas, Glanyrynys, 'Dydyn ni ddim yn *gofyn* i chi ddileu'r cynllun, rydyn ni'n *mynnu* i chi wneud hynny'. Siaradodd rhai a oedd yn byw y tu allan i'r pentref: Edryd Richards, Llanddarog, 'Mae teimlade chwerw wedi'u hennyn ynglŷn â'r cynllun hwn'; John Howells, Gwili-Hervey, Pontyberem, 'Unig air y fandaliaid yw *economy*'; Dewi Jones, Glanyrynys, Llanddarog, 'Mae Prydain Fawr wedi ymladd er mwyn cadw ein tir, rhaid i ninne ymladd i'w gadw hefyd'; y Cynghorydd Tom Evans, Pont-iets, 'Ffolineb yw dinistrio tir sy'n dod â chynnyrch o'r ddaear', a'r Cynghorydd D. J. Jones, Pontyberem, 'Mae'r Llywodraeth yn delio â'r broblem dŵr mewn *dribs* a *drabs*'.

Anerchwyd hefyd gan ddau undebwr amaethyddol. Cyfeiriodd Harry Lloyd (Undeb Cenedlaethol yr Amaethwyr) at golledion ariannol mawr pe boddid y cwm, at chwalu'r strwythur cymdeithasol gan adael unedau amaethyddol aneconomaidd yn ei sgil. Addawodd gefnogaeth 'gant y cant' gan ei undeb. Yn yr un modd beirniadodd Emlyn Thomas (Undeb Amaethwyr Cymru) gynllun Abertawe a dywedodd y gwrthwynebai ef 'doed a ddelo'.

Byr ac effeithiol oedd cyfraniad G. G. Thomas, Peiriannydd Cyngor Gwledig Caerfyrddin. Ffolineb i'r eithaf oedd i wŷr

Abertawe sôn am ddŵr rhad, meddai, a hwythau'n gwrthod mynd i chwilio amdano yn y mannau lle'r oedd y dŵr rhataf – a rhoddodd ffeithiau i brofi hynny.

Roedd Mrs Protheroe Beynon, Talacharn, Ymgeisydd Seneddol Ceidwadwyr y sir yn bresennol yn y cyfarfod, ac fe'i croesawyd hi yno gan y Cadeirydd. Esboniodd hefyd bod yr Aelod Seneddol, Y Fonesig Megan, wedi methu dod i'r cyfarfod, ond byddai dirprwyaeth yn ymweld â hi'r Sadwrn canlynol i roi hanes y noson iddi. (Oherwydd anhwyldeb methais â mynd gyda'r cwmni i gwrdd â'r Fonesig, ond dywedwyd wrthyf wedyn iddi roi addewid y gwnâi bopeth yn ei gallu i'n cefnogi.)

Galwodd y Cadeirydd am i'r cyfarfod ddod i benderfyniad. Cynigiodd y Cynghorydd William Evans, Carwe, ac fe'i heiliwyd gan David Jones, Pont-iets, Clerc y Cyngor Plwyf, eu bod yn gwrthwynebu cynllun awdurdodau Gorllewin Morgannwg. Pleidleisiodd y gynulleidfa luosog yn unfrydol o blaid y cynnig. O dan arweiniad William Gealy, canwyd yr Anthem Genedlaethol i ddiweddu'r cyfarfod cynhyrfus a ddechreuodd bennod newydd yn ein brwydr.

Pan aeth William Thomas i gyfarfod o Gyngor Gwledig Caerfyrddin ymhen deuddydd, rhoddodd adroddiad o'r hyn a ddigwyddodd yn y cyfarfod cyhoeddus yn Llangyndeyrn. Gallai ddweud ei fod ef, a rhai eraill o'i gyd-gynghorwyr a fu yno, wedi bod yn dyst o deimladau cryf ac unfrydedd rhyfeddol y pentrefwyr. Ymdrechodd William Thomas yn galed i gael y cyngor o'n plaid, ac roedd ganddo newyddion da i'w rannu yn y Pwyllgor Amddiffyn a gyfarfu ar 8 Ebrill.

Roedd y cyngor, meddai, wedi gwneud tri phenderfyniad pwysig a fyddai'n sicr o roi cymorth pellach i'n hymgyrch. Yn gyntaf, sefydlodd bwyllgor arbennig, y 'Water Usage Committee', a'i rôl fyddai chwilio am safleoedd eraill lle gellid cronni dŵr, a pharatoi cynllun gwahanol i un cwm Gwendraeth er mwyn cyflwyno hwnnw i Gorfforaeth Abertawe a'i chynghreiriaid. Yn ail, cytunodd y cyngor i gyflogi eu peirianwyr ymgynghorol i baratoi adroddiad ar safleoedd addawol. Yn drydydd, pe bai Ymchwiliad Cyhoeddus yn cael ei gynnal yn y dyfodol, byddai'r cyngor yn caniatáu cyflogi bargyfreithiwr i ddadlau ein hachos.

Dywedodd y Cadeirydd hefyd fod swyddogion o Undeb Amaethwyr Cymru, Glyngwyn Roberts, Llywydd yr Undeb o Sir Fôn, ac Eirwyn Owen, Ysgrifennydd yr Undeb, wedi bod yn ymweld ag ardaloedd diarffordd afon Cothi a Rhandir-mwyn, a'u bod yn cytuno â ni ynglŷn ag addasrwydd y mannau hynny ar gyfer creu cronfa. Soniodd ymhellach bod aelodau eraill o'r undeb wedi ymweld â'r un ardaloedd diffaith, a'u bod hwythau hefyd wedi'u hargyhoeddi na ddylid boddi cwm Gwendraeth Fach ar unrhyw gyfri.

Yna fe'n syfrdanwyd ni pan ddywedodd William Thomas iddo weld dau ddyn dieithr ar gae Glanyrynys, fferm ei fab, Dewi, a'i fod wedi mynd atynt ar unwaith i holi pa hawl oedd ganddynt i fod yno heb ganiatâd. Atebwyd mai archwilwyr oeddent, yn mesur y tir ar ran cwmni o Lundain. Ar ôl cael llond pen o gerydd gan Dewi am dresbasu, ymddiheurodd y ddau gan adael y cae ar unwaith. Yn dilyn yr hanes hwn, bu yna drafodaeth faith yn y pwyllgor ynglŷn â hawl pobl i fynd ar diroedd ffermydd heb ganiatâd. Hysbysodd Emlyn Thomas ni ei bod yn ofynnol, yn ôl y gyfraith, i roi pedair awr ar hugain o rybudd ysgrifenedig, a hwnnw wedi'i arwyddo'n swyddogol, cyn y gellid gwneud hynny.

Codwyd y cwestiwn wedyn sut fyddai hi orau i ddwysáu'r frwydr yn erbyn Abertawe. Awgrymodd Arwyn Richards y byddai'n syniad da pe byddem yn mynd â nifer o dractorau i'r dref, gorymdeithio â baneri ar hyd y strydoedd a chynnal cyfarfod cyhoeddus ym maes y gelyn. Byddai'n well, meddai eraill, i ganoli'n hymgyrch yn ein hardal leol. Beth, gofynnodd un arall, pe bai un, neu fwy o ffermwyr y fro yn cael eu temtio i werthu eu tir am iawndal sylweddol? Sut y dylem ymateb i'r fath fygythiad? I geisio arbed sefyllfa beryglus fel honno rhag digwydd gofynnwyd i William Thomas a minnau i ymweld â 34 o ffermwyr yn y cylch i'w hannog i wrthod gwrando ar unrhyw sôn am iawndal. Gofynnwyd i mi hefyd i baratoi geiriad i betisiwn i'w anfon at y Prif Weinidog ar ôl gwahodd yr holl ardalwyr i'w arwyddo.

Penderfynwyd hefyd sefydlu is-bwyllgor o bedwar i lunio llythyr i'w anfon at nifer o bobol mewn swyddi tra dylanwadol ym myd gwleidyddiaeth a llywodraeth leol i ddweud wrthynt am ein bwriad i ymladd hyd yr eithaf i wrthwynebu Abertawe.

Dywedodd Eirwyn Davies, Allt-y-cadno, wrth y pwyllgor i'w briod sôn wrtho am ddyn a alwodd heibio i'w fferm y dydd blaenorol, pan oedd ef yn digwydd bod oddi cartref. Dywedodd wrthi y byddai'n dychwelyd ymhen deuddydd. Gan ein bod ni'n amau cymhellion y dyn, gofynnwyd i Eirwyn i wrthod caniatâd iddo fynd ar dir y fferm. Ond awgrymodd y Parch. Alun Williams nad oedd yn deg i roi'r cyfrifoldeb i gyd ar Eirwyn, a chynigiodd 'bod nifer ohonom yn mynd draw i Allt-y-cadno bore fory erbyn un ar ddeg, sef yr amser y mae'r llanc wedi dweud y byddai'n cyrraedd y fferm'. Penderfynwyd ar hynny'n unfrydol.

Gwyddwn, ar ôl dros dair awr o drafod, bod hwn, y trydydd cyfarfod o'r Pwyllgor Amddiffyn, wedi bod yn un go bwysig. Sylweddolais, ar yr un pryd, bod llwyth trwm yn cael ei osod ar fy ysgwyddau.

Ymwelydd Annisgwyl ar Fferm Allt-y-cadno

Roedd trannoeth yn fore oer, a disgynnai glaw mân dros y cwm wrth i ddirprwyaeth o bymtheg o aelodau'r pwyllgor gerdded draw i fferm Allt-y-cadno. Yr oeddwn wedi hysbysu nifer o ohebwyr y wasg, y BBC a TWW am ein cyfarfod ac roeddent wedi cyrraedd yno o'n blaen. Gwahoddwyd ni i mewn i wres tân y gegin fawr, lle buom yn sgwrsio ymhlith ein gilydd. Ymhen tipyn taenodd distawrwydd dros y cwmni. Gyda bod y cloc y taro un ar ddeg clywsom sŵn cyfarthiadau'r cŵn ar y clos. 'Dyma fe wedi cyrraedd,' meddai un o'r cwmni, ac aethom allan i gyd i gyfarfod â'r ymwelydd. Hwn fyddai'r tro cyntaf i ni gyfarfod â chynrychiolydd Goleiath Abertawe.

Gŵr bychan o gorffolaeth a ddaeth allan o'i Land Rover, a

chariai rolyn hir o ddogfennau dan ei gesail. Nid oedd arno un arwydd ei fod yn deirant na threisiwr. Yn wir, roedd hi'n hawdd credu iddo gael tipyn o fraw wrth weld cynifer yn brysio tuag ato, a phob un ohonom, mae'n siŵr, yn edrych yn go chwyrn. Gofynnodd Eirwyn Davies pwy ydoedd, o ble y daeth, a beth oedd ei neges. Atebodd mai Alwyn Jones oedd ei enw a'i fod yn gyfarwydd â'r cylch am iddo fod yn fesurydd yng nglofa Pontyberem. Dywedodd ei fod wedi dod i ofyn am ganiatâd i archwilio tir Allt-y-cadno.

Bu ymgom go hir rhyngom a'r gŵr hwn. Siaradwyd yn blaen ag ef am ei feiddgarwch, a'r modd yr âi ogylch y ffermydd heb arwydd swyddogol i brofi ei swydd a'i neges, a heb ganiatâd y ffermwyr. Dywedwyd wrtho ein bod wedi clywed yn y Pwyllgor Amddiffyn y noson cynt am ei fwriad i ddod i Allt-y-cadno, a'n bod ni wedi dod yno i'w rwystro i wneud ei waith. Dywedwyd wrtho mai brwydr oedd hon o'n heiddo, a'n bod yn ei atal i fynd yn agos i'r tir. Y peth gorau iddo wneud, meddem wrtho, oedd 'mynd sha thre'.

Mae golwg go chwyrn ar y ddirprwyaeth aeth i groesawu Alwyn Jones ('Jones Bach y Dŵr') ar glos fferm Allt-y-cadno. Yn y rhes flaen, o'r chwith, mae'r Parch Alun Williams, William Thomas, minnau, Eirwyn Davies (tenant y fferm), Emlyn Thomas (FUW) ac Alwyn Jones (tirfesurydd ar ran Corfforaeth Abertawe)
(Llun: *Western Mail*)

41

Paratôdd i adael heb unrhyw wrthwynebiad. Ond wrth iddo gamu i mewn i'w Land Rover, dyma gar arall yn cyrraedd yn wyllt ar y clos, a'r gyrrwr, ffotograffydd o'r *Carmarthen Journal*, yn gofyn i ni, gan ei fod yn hwyr yn cyrraedd, a fyddem yn fodlon i ail-grynhoi er mwyn iddo dynnu ein llun ar gyfer y papur. Wrth gwrs, oedd ein hateb parod. Er syndod i ni, cytunodd ein hymwelydd i wneud hynny hefyd gan roi inni gyhoeddusrwydd gwerthfawr yn y fargen mewn nifer o bapurau ac ar raglenni'r BBC a TWW. Bedyddiwyd ef gennym y bore hwnnw yn 'Jones Bach y Dŵr'. Wrth ddychwelyd o'r fferm gwyddom fod act gyntaf y frwydr a'n hwynebai wedi'i chwarae, neu, fel y dywedodd un o'r cwmni, 'Mae'r menig wedi'u codi'.

Yn ystod mis Ebrill 1963 ymwelodd sawl grŵp ag ardaloedd blaenau Tywi. Aeth pump o aelodau Cyngor Gwledig Caerfyrddin, ynghyd ag E. D. Lawrence, y Peiriannydd Ymgynghorol, G. G. Thomas, Peiriannydd a Syrfëwr y Cyngor Gwledig, a G. Atherton, y Peiriannydd Preswyl, i archwilio'r ardal. Yng nghhofnodion y cyngor ar 18 Ebrill, dywedwyd bod E. D. Lawrence, a gynrychiolai Herbert Lapworth Partners, y peirianwyr ymgynghorol, wedi cyflwyno adroddiad o'r gwahanol fannau yr ymwelwyd â nhw, ac wedi dadansoddi manteision cronfa reoli (*regulating reservoir*) mewn ucheldir, ym mlaenau afon, dros argae gronni (*impounding reservoir*) mewn dyffrynnoedd, ar lefelau is. Dywedodd ei fod o'r farn y gallai cronfa ddŵr ym mlaenau afon Tywi fod yn gam cyntaf cynllun i ddiwallu, nid yn unig anghenion Gorllewin Morgannwg, ond hyd yn oed gyflenwi datblygiadau posib eraill y tu fewn neu y tu allan i'r sir. Wrth gytuno ar y ffordd ymlaen argymhellodd y cyngor bod eu peirianwyr ymgynghorol yn cael hawl i ofyn am gymorth arbenigwyr mewn gwahanol feysydd, ac i gyflwyno iddo enwau cynghorwyr cyfreithiol.

Cyfarfu pedwar ohonom ar 16 Ebrill yn adeilad Cyngor Gwledig Caerfyrddin er mwyn llunio llythyrau i'w hanfon i bobl mewn swyddi uchel a dylanwadol. Yn eu plith roedd Harold Macmillan, y Prif Weinidog, Arglwydd Aberhonddu, Gweinidog Dros Faterion Cymreig, Syr Keith Joseph, a oedd bellach yn Weinidog Tai a Llywodraeth Leol, James Griffiths, A.S., Dirprwy Arweinydd yr Wrthblaid, Y Fonesig Megan Lloyd George, A. S., ysgrifenyddion cynghorau busnes, clercod cynghorau lleol, a chlercod awdurdodau Gorllewin Morgannwg. Byddai'r wybodaeth hefyd yn cyrraedd y wasg, y BBC a TWW.

Buom wrthi drwy'r bore cyfan, a'r rhan helaethaf o'r prynhawn. O'r diwedd, wedi trafodaeth hir, fe grisialodd ein syniadau a gorffennwyd y gwaith. Diolchodd William Thomas a minnau yn fawr i G. G. Thomas, peiriannydd y cyngor, a'r undebwr Emlyn Thomas, am iddynt roi cymaint o'u hamser prin i'n cynorthwyo. Roeddwn yn sylweddoli hefyd, o gofio bod y cyngor yn fodlon i G. G. Thomas ein cynorthwyo fel hyn, ac yntau'n un o'i swyddogion cyflogedig, ein bod yn cael cefnogaeth iach i'n hachos. Yn ystafell y Cyngor Gwledig y prynhawn hwnnw y lluniais bennawd-lythyr i sicrhau bod gennym bapur swyddogol wrth lythyru â gwahanol bobl, cymdeithasau ac awdurdodau, ac ar fy ffordd adref rhoddais y copi i wasg y *Carmarthen Journal* i'w argraffu.

Y Goresgyniad
yn Agosáu

ROEDDEM YN DISGWYL y byddai Abertawe yn symud yn fuan. Ac felly y bu. Derbyniodd nifer o ffermwyr lythyr gan Iorwerth Watkins, Clerc Bwrdeistref Sirol Abertawe, yn gofyn yn swyddogol yn awr am ganiatâd i fynd i mewn i'w caeau er mwyn archwilio'r tir:

Dear Sir or Madam,

A number of local Authorities in West Glam., including Swansea Corp. have found it necessary to carry out a survey to discover possible further sources of water supply which are urgently needed for domestic and industrial consumption. It was decided recently by the participating authorities that they would investigate the possibility of building a Reservoir on the Gwendraeth Fach. In addition to the Reservoir there will, of course, be ancillary works on the Towy for pumping water from the river to the Reservoir and in association there will have to be trunk mains from the Towy to the Gwendraeth and from the Gwendraeth to Velindre, near Swansea. Before making any formal application to the Minister of Housing and Local Government, however, it is necessary for the authorities concerned to be reasonably satisfied that the sites under consideration are suitable and safe for the purpose. In order to do so it is necessary to carry out surveys on the land and to make trial holes at certain places to determine the nature of the subsoil. In order to carry out these surveys it will be necessary to enter upon the land which is set out in the Schedule to this letter and I am writing to ask for your consent to allow the surveyors and engineers, on behalf of the Authorities, to enter upon the land for these purposes.

If I have not heard from you by Thursday morning, 23 May, I will assume that you are not prepared to give such consent in which case it will be necessary for formal application to be made to the Minister.

Pan alwyd cyfarfod brys o'r Pwyllgor Amddiffyn ar 18 Mai, gwahoddwyd iddo yn ogystal bob ffermwr a dderbyniodd lythyr Iorwerth Watkins. Gorlanwyd ystafell gefn neuadd yr eglwys. Holodd Dewi Thomas faint oedd wedi derbyn y llythyr. Cododd 17 eu dwylo. Hysbysodd bod atodlen y llythyr a gafodd ef yn gofyn am ganiatâd i dyllu ac archwilio 18 o gaeau ei fferm, sef cyfanswm o gan erw. Dywedodd eraill eu bod hwythau hefyd yn synnu at faint mwy o gaeau a restrwyd yn y llythyr. Daeth yn amlwg i ni fod y cynllun wedi'i newid a'i ehangu'n sylweddol. Roedd yn un llawer mwy na'r hyn yr oeddem wedi'i gredu ar y dechrau. O arbed dymchwel pentref Porth-y-rhyd ym mhen uchaf y dyffryn, byddai'r llyn yn dod i lawr yn llawer agosach at Langyndeyrn. Golygai hynny golledion trymach i'r ffermwyr: byddai Ynysfaes yn colli'r caeau i gyd, a byddai ffermydd Panteg, Torcoed Isaf ac Allt-y-cadno yn dioddef colledion mwy o lawer.

Ar ôl gwrando ar farn yr undebwyr Emlyn Thomas a Harry Lloyd, cynigiodd y Cynghorydd Tom Evans y dylai pawb a dderbyniodd lythyr Iorwerth Watkins ei ateb gan ddweud nad oeddent am roi caniatâd i unrhyw un i roi ei droed ar dir eu ffermydd. Pleidleisiwyd dros hynny'n unfrydol, a chytunodd y ddau undebwr i lunio llythyr i'r ffermwyr er mwyn iddynt ei arwyddo. Byddai clerc Abertawe yn derbyn llythyr cryf hefyd, wedi'i arwyddo ar ran y Pwyllgor Amddiffyn, gan y Cadeirydd a'r Ysgrifennydd.

Yn ystod ei ymweliadau cyson â Bro Dawel, byddai William Thomas yn sôn wrthyf am yr hyn a ddigwyddai yng nghyfarfodydd Cyngor Gwledig Caerfyrddin a'r Cyngor Sir. Dywedodd wrthyf, er enghraifft, am y gynhadledd sirol arbennig a gynhaliwyd ddechrau Mai. Ynddi penderfynwyd cymell holl awdurdodau lleol a byrddau dŵr y sir i gefnogi, ar

45

dir cymdeithasol ac amaethyddol, gynlluniau Tywi (Brianne) a Tywi (Upper), yn hytrach na'r un yng nghwm Gwendraeth Fach – a dylent hefyd ddweud hynny'n glir wrth Gorfforaeth Abertawe. Dro arall soniodd wrthyf am ei ail ymweliad â blaenau Tywi yng nghwmni dau o'i gyd-gynghorwyr, yr Uwchgapten T. V. Fisher-Hoch, Llansteffan, a William Evans, Llangyndeyrn, a rhai Aelodau Seneddol. Wrth gyfeirio at yr Uwchgapten, canmolodd y Cadeirydd y modd deheuig y cyflwynodd hwnnw'r ddadl yn erbyn Corfforaeth Abertawe yn y gynhadledd sirol a gynhaliwyd yn gynharach, a'i fod yn help mawr i'n hachos. A minnau nawr yn sylweddoli ei bod yn ofynnol i ni ddwysáu ein hymgyrch, roedd pob manylyn o wybodaeth fel hyn o help, a phob arwydd o gefnogaeth yn cryfhau fy mhenderfyniad i fwrw iddi'n galetach.

Cyfarfod Protest ym Mhont-iets

Daeth ryw si ogylch Llangyndeyrn nad oedd pawb y tu allan i'r dyffryn mewn cydymdeimlad llwyr â ni. Nid oedd dim amser i'w wastraffu, felly, ac er mwyn rhoi taw ar y sibrydion, fe ffurfiwyd is-bwyllgor arall i drefnu cynnal Cyfarfod Protest lawr ym Mhont-iets, yng nghwm glofaol Gwendraeth Fawr. Cyfarfu cynrychiolaeth o'r Cyngor Plwyf, sef David Jones, y Clerc, Cyril Isaac, W. G. Davies a David Smith, ynghyd â William Thomas a minnau, ar aelwyd Bro Dawel. Cytunais i anfon hysbysiadau i holl gapeli ac eglwysi'r ardal, argraffu posteri, heirio fan corn siarad, a gwahodd swyddogion cynghorau'r cyffiniau i'r cyfarfod a fyddai'n cael ei gynnal yn Neuadd Lesiant Pont-iets ar Fai 24 1963.

Pan glywyd nad oedd gan wŷr pwysig yng Nghydweli, ar waelod y dyffryn, fawr o gydymdeimlad â'n hymgyrch, gwahoddwyd y Maer i'r Cyfarfod Protest. Derbyniais alwad ffôn hwyr ganddo – y prynhawn cyn y cyfarfod – yn ymddiheuro am na fyddai'n gallu bod yn bresennol. Dywedodd, 'Beth well fydd i chi ymladd yn erbyn Abertawe? Roedd Cymru gyfan yn erbyn boddi Trywerynn, ond colli'r frwydr wnaethon nhw.' Atebais,

SUPPORT MEETING

Welfare Hall

PONTYATES

FRIDAY, MAY 24th, 1963

TO COMMENCE AT 7 P.M.,

A PUBLIC MEETING

will be held under the auspices of the

LLANGYNDEYRN DEFENCE COMMITTEE

RE THE FLOODING OF THE GWENDRAETH FACH VALLEY

Addresses will be given by a number of Speakers

YOUR PRESENCE WILL RENDER US GREAT SUPPORT

COME IN CROWDS

Express Printers, Ralph St., Llanelly

Y poster a alwodd drigolion cwm Gwendraeth Fawr i ddod i'n cynorthwyo

'Wel, 'chaiff Abertawe ddim boddi cwm Gwendraeth Fach. Ond gwrandewch, pe *bai* cronfa ddŵr yn cael ei hadeiladu, a phe *bydde*'r argae yn digwydd torri, dyn â'ch helpo chi lawr yng Nghydweli – byddech chi gyd yn siŵr o foddi'. Gyda hynny, newidiodd tôn y Maer. Yr oedd yr esgid yn gwasgu nawr, ac

47

meddai, 'Pan fyddwch chi'n cynnal y Cyfarfod Protest nesa, fe wna i fy ngore i fod yno.'

Pan gyrhaeddodd y fan corn siarad Bro Dawel ddwyawr cyn y cyfarfod, neidiais iddi ar unwaith gan ddechrau cyhoeddi'r newydd amdano drwy bentrefi Llangyndeyrn, Pontantwn a Meinciau. Ym mhen uchaf Pont-iets roedd Cyril Isaac yn aros amdanaf, gan iddo addo fy helpu gyda'r gwaith, a bu lleisiau'r ddau ohonom yn diasbedain i lawr hyd waelod y cwm.

Dechreuwyd y cyfarfod yn y Neuadd Lesiant pan alwodd William Thomas ar y Parch. Dyrinos Thomas, gweinidog Nasareth, Pont-iets, i offrymu gweddi. Ieuan Thomas, Tŷ'r Bont, un a fuasai'n colli ei gartref pe boddid y cwm, oedd y siaradwr cyntaf. 'Ymladdwn er mwyn arbed y fath drychineb,' meddai. Elwyn Jones, Brisbane, gogleddwr a oedd wedi ymgartrefu'n hapus yn Llangyndeyrn, oedd y nesaf i siarad, ac anogodd bawb i sefyll fel un dyn: 'Mewn undeb mae nerth,' meddai. Cyfarch glowyr yr ardal a wnaeth Huw Williams, Panteg: 'Fel y mae cwm Gwendraeth Fawr yn gyfoethog mewn glo, felly hefyd y mae dyffryn Gwendraeth Fach yn gyfoethog mewn tir amaethyddol da. Shwd fydde chi, deuluoedd y glowyr, yn teimlo pe bai'r gweithie yn cael eu cau?' gofynnodd. Â'r ffermwyr yn awr yn ymladd am eu bywoliaeth, apeliodd am gefnogaeth y gynulleidfa. Yn ôl Arwyn Richards, Llandre, 'roedd yn bosib iawn i Wlad y Gân gael ei throi yn Wlad y Dŵr'. Sôn am y profiad a gafodd yn gynharach y dydd hwnnw a wnaeth Dewi Thomas, Glanyrynys. 'Wrth blannu tato heddi, a meddwl beth oeddwn yn mynd i weud yn y cyfarfod 'ma, ac am y trychineb pe bai'r cwm yn cael ei foddi, fe weles fod y rhyche wedi mynd yn gam i gyd!' Anaddas oedd cynllun Abertawe, meddai, am na fyddai, ar ei ben ei hun, yn gallu sicrhau cyflenwad digonol o ddŵr at ddibenion Abertawe.

'Byddai boddi'r ardal hon yn golygu boddi un o'r cymoedd prydferthaf yng Nghymru,' meddai Edryd Richards, Pantyffynnon, 'a pheth anfoesol fyddai ei foddi.' Ategodd y

Parch. Victor Thomas, Soar, Pontyberem, bod hon yn frwydr foesol ac ysbrydol, a dyfynnodd eiriau o emyn Elfed: 'Rhag pob brad, nefol Dad, cadw Di gartrefi'n gwlad'. (Safodd y gŵr da hwn o blaid achos Llangyndeyrn mewn Cwrdd Misol a oedd ar fin penderfynu nad oedd a fynno'r gynhadledd â'n cefnogi, a llwyddodd i droi'r fantol i'n plaid.) Tynnodd y Cynghorydd William Evans, Carwe, sylw'r gynulleidfa at eironi creulon y cynllun, 'mae fel petai Undeb Cenedlaethol y Glowyr yn dweud wrth yr NCB, "Caewch y gweithe economaidd i gyd ac agorwch y gweithe aneconomaidd"'.

Gweld pwysigrwydd sefydlu bwrdd dŵr cenedlaethol i Gymru a wnaeth y Cynghorydd Harold Williams, 'Nid yw'n iawn fod pobl yn gallu dod mewn a dwyn dŵr fel y mynnan nhw, fel y gwnaethon nhw yn Nhryweryn,' meddai. Dywedodd Harry Lloyd bod 40,000 o erwau o dir, cymaint â Sir Gaerfyrddin, yn cael eu colli bob deng mlynedd er mwyn adeiladu tai, cronfeydd dŵr, ffatrïoedd ac ati. Datgelodd bod newyddion wedi cyrraedd y diwrnod hwnnw bod Abertawe wedi cysylltu â Syr Keith Joseph, Gweinidog Tai a Llywodraeth Leol newydd Harold Macmillan, er mwyn cael hawl i archwilio'r tir, a bod gan y ffermwyr 14 diwrnod i arwyddo gwrthwynebiad. 'Mae'r amser yn brin,' meddai, 'ac mae Abertawe yn awyddus i gael Ymchwiliad Cyhoeddus.'

Cyffrowyd calon y gynulleidfa pan ddywedodd y Cynghorydd C. D. T. Williams, Llandybïe, ar ran Undeb Amaethwyr Cymru, 'Does dim boddi'r cwm i fod. Dyma ddarn godidog o Gymru, bron nad oes ei hafal... Pobl heddychlon ydyn ni os cawn ein hiawnderau – ond rydym yn gallu ymladd. Rhaid dangos ein bod yn effro, ac ymladdwn hyd y gwter ola' er mwyn diogelu'r cwm.' Dilynwyd ef gan swyddog arall o'r undeb, Emlyn Thomas, a bwysleisiodd bod angen trefn wrth ymwneud â chynlluniau dŵr, a bod yn rhaid i bawb i wneud eu gorau glas i gynorthwyo trigolion y cwm. 'Fydde ni ddim yn ymladd y frwydr hon pe bai gennym fwrdd dŵr cenedlaethol,' meddai Tom Evans, y Cynghorydd Sir o Bont-iets, 'a bydde hadau casineb heb eu hau hefyd pe bydde gwŷr Gorllewin Morgannwg wedi bod yn ddoethach ac yn fwy gofalus'.

Profwyd gwres y fflam eto yn araith danbaid Islwyn Thomas, Porth-y-rhyd: 'Does gan drigolion Abertawe ronyn o gydymdeimlad â ni, am nad ydyn nhw'n gwbod beth sy'n cymryd lle. Mae'n rhaid dylanwadu ar y rhai a osododd swyddogion Abertawe yn eu swyddi.' Dywedodd ymhellach ei fod yn falch ein bod yn cadw ymrafael gwleidyddol a phleidiol allan o'n hymgyrch, a'n bod, yn hytrach, yn dadlau ar bwys ffeithiau a grym ein dadl. Ond ofnai, serch hynny, ganlyniad Ymchwiliad Cyhoeddus pe cynhelid un. Gorffennodd ei araith drwy ddyfynnu darn o *Fuchedd Garmon*, drama radio enwog Saunders Lewis, gyda'r geiriau 'Gwinllan a roddwyd i'm gofal yw Cymru fy ngwlad, i'w thraddodi i'm plant ac i blant fy mhlant yn dreftadaeth dragwyddol...'. Yr olaf i siarad oedd yr Henadur D. J. Jones, a fu'n gymydog i mi am flynyddoedd ym Mhontyberem. Pwysleisiodd bwysigrwydd pob cyhoeddusrwydd yn y wasg a'r cyfryngau, ac addawodd gymorth ei ddylanwad fel Cadeirydd Cyngor Sir Caerfyrddin i rwystro bwriadau Gorllewin Morgannwg.

Pasiodd y cyfarfod hwn ym Mhont-iets benderfyniad brwd ac unfrydol i roi pob cefnogaeth i bentrefwyr Llangyndeyrn yn eu brwydr, a diweddwyd y cyfarfod drwy ganu 'Hen Wlad Fy Nhadau'.

Am dridiau ganol Mehefin bûm yn ysgrifennu llythyrau'n ddi-baid bron. Gyrrais lythyrau beirniadol at Christopher Soames, y Gweinidog Amaeth, a Syr Keith Joseph, y Gweinidog Tai a Llywodraeth Leol; llythyrau'n sôn am ein hymdrechion diweddar at Y Fonesig Megan, A. S., Jim Griffiths, A. S., Harold Woolley, Llywydd Undeb Cenedlaethol yr Amaethwyr, ysgrifenyddion cymanfaoedd Undeb y Bedyddwyr yn siroedd Caerfyrddin, Aberteifi a Phenfro; a llythyrau at yr eglwysi lleol yn Llanddarog, Porth-y-rhyd, Ponthenri, Pont-iets, Pontyberem, Meinciau, Crwbin a Bancffosfelen, yn eu cymell i ddod i'n cefnogi. Y rheswm am y llythyru hwn oedd bod Syr Keith Joseph wedi gorchymyn bod Gwrandawiad Lleol i'w gynnal ymhen pythefnos ar 26 Mehefin 1963 yn Llangyndeyrn. Byddai'r ddwy garfan, Llangyndeyrn ac Abertawe, yn dod wyneb yn wyneb â'i gilydd i ddadlau eu hachos o flaen arolygwr a benodwyd ganddo.

Gorymdaith a'r Gwrandawiad Lleol

PAN GYFARFU'R PWYLLGOR Amddiffyn bum niwrnod cyn y Gwrandawiad Lleol, roedd y Cadeirydd yn awyddus i glywed gan yr aelodau a oeddent yn barod i ddatgan yn glir unwaith eto nad oedd un ohonynt yn fodlon caniatáu i'r archwilwyr ddod i mewn i'w tir. Ei fab, Dewi, wnaeth y cynnig nad oeddent am newid eu safiad, ac eiliwyd ef gan Huw Williams, Panteg. Cafwyd unfrydedd llwyr.

Roedd pob aelod hefyd yn gefnogol i gynnig Elwyn Jones i gynnal gorymdaith yn y pentref cyn i'r ymchwiliad ddechrau. Trefnwyd iddi gymryd lle am 9.30 y bore o sgwâr Heol Dŵr hyd at sgwâr neuadd yr eglwys. Elwyn Jones fyddai marsial y bore ac ef fyddai'n gyfrifol am gadw rheolaeth a threfn, a sicrhau diogelwch i'r rhai fyddai'n gorymdeithio. Dewiswyd chwe aelod arall o'r pwyllgor i fynd o amgylch i annog yr ardalwyr i gefnogi'r orymdaith.

Gofynnwyd i'r Parch. Alun Williams i ofalu bod drws y neuadd wedi'i gloi ac i beidio â rhoi'r allwedd i un o swyddogion y gwrandawiad, na neb o wŷr Abertawe, nes bod yr orymdaith wedi cyrraedd pen ei thaith y tu allan i'r neuadd, a nes bod pawb ohonom wedi canu'r Anthem Genedlaethol heb unrhyw aflonyddwch. Hefyd gofynnwyd i minnau i anfon llythyr at Mr Iorwerth Howells, Cyfarwyddwr Addysg y sir, i ofyn am ei ganiatâd i ryddhau'r plant o ysgol y pentref fore'r ymchwiliad, er mwyn rhoi cyfle iddynt fod yn rhan o'r orymdaith. Dywedais y byddent, ymhen blynyddoedd, yn siŵr o deimlo rhyw falchder wrth gofio iddynt fod yn rhan o'r ymdrech i ddiogelu eu treftadaeth:

Dear Sir,

I have been directed by the Llangyndeyrn Defence Committee to ask you kindly to consider granting a half-day holiday to the children of Llangyndeyrn school next Wednesday morning, June 26th. As you are undoubtedly aware, the village is facing the most serious crisis in its history, as the West Glamorgan authorities are bent on drowning the Gwendraeth Fach valley.

The Minister for Welsh Affairs has authorised a Local Hearing at Llangyndeyrn church hall at 10 am on Wednesday, 26 June, to consider compensation for disturbance on the land. The Defence Committee has arranged a protest march from Heol Dŵr square to the hall where the hearing will be held by one of the Government's engineering inspectors, when the farmers will express their opposition to the vandalism.

As we regard the land to be a trust, and as we also maintain that its value and beauty should be handed down to future generations, we would appreciate if the children were allowed to help us in our effort, believing it would help them to value in days to come that which is good. We would arrange for the children to lead the procession.

We hope you will give this matter your favourable consideration.

Yours faithfully,

W. M. Rees (Secretary)

Bu gorfod cynnal y gwrandawiad yn Llangyndeyrn, yn yr union bentref lle disgwylid y gwrthwynebiad grymusaf, yn anfantais fawr i wŷr Abertawe. Pam dod i ffau'r llewod? Onid gwell iddynt pe bai'n cael ei gynnal mewn man tawelach, pellach i ffwrdd – festri Capel Bethlehem, Porth-y-rhyd, neu bafiliwn clwb pêl-droed y pentre hwnnw, er enghraifft? Y gwir yw, roeddent wedi ceisio llogi'r ddau fan, ond yr un dyn oedd yn gyfrifol am roi caniatâd i'r cais yn y ddau le, sef y Cynghorydd Islwyn Thomas, Crud yr Awel, Porth-y-rhyd, aelod digyfaddawd o'r Pwyllgor Amddiffyn! Doedd dim syndod iddynt fethu cael adeilad pwrpasol yng Nghaerfyrddin a Llanddarog hefyd.

Erbyn 9.30 fore heulog y gwrandawiad ymgasglodd tua 400 o bobl ar sgwâr Heol Dŵr. Bu'r apêl am gefnogaeth yn rhyfeddol o lwyddiannus. Roedd nifer wedi teithio o bell, ac roedd yn galondid i mi weld bod gweinidogion a ficeriaid yr ardal wedi ymateb mor barod. Yno hefyd, yn llawn cyffro, roedd holl blant ysgol gynradd Llangyndeyrn. Yr oeddwn wedi derbyn ateb siomedig gan y Cyfarwyddwr Addysg yn dweud na allai roi caniatâd iddynt fod yn absennol o'u hysgol am awr oherwydd y posibilrwydd y gallai hynny arwain at gadwyn o wrthwynebiadau. Ond yr oedd pob un disgybl gyda ni! Gosodwyd hwy i arwain yr orymdaith, ac roedd nifer ohonynt, fel y gorymdeithwyr hŷn, yn cario baneri protest: 'Ataliwn y Fandaliaid', 'Ni Chânt Foddi'r Cwm', 'They Shall Not Pass', 'Swansea Water Thieves – Hands Off!', 'Sir Keith, Come and See for Yourself', 'Ni Chaiff Fro Ein Mebyd Fynd Dan y Dŵr', 'We Will Not Surrender', 'Dam the Dam!', 'Carwn Gadw fy Nghartref, Cyndeyrn sydd yma, nid Seithennyn'.

Wrth orymdeithio heibio i swyddfa'r post, a thafarndy'r Smiths, a throi cornel yr hewl i olwg neuadd yr eglwys, gwelwn y

Plant ysgol gynradd Llangyndeyrn â'u baneri ar flaen yr orymdaith ar ddiwrnod y Gwrandawiad Lleol
(Llun: *Carmarthen Times*)

SWANSEA WATER THIEVES
HANDS OFF Llangyndeyrn

Express Printers, Ralph St., Llanelly

Poster â'i neges i Abertawe

ATALIWN Y FANDALWYR

NI CHANT FODDI'R CWM

Poster a neges heriol Llangyndeyrn

cwmni o Abertawe yn aros amdanom. Beth oedd eu teimladau, tybed, wrth weld y fath dyrfa'n agosáu? Ar ôl inni gyrraedd y neuadd arweiniwyd y plant yn ddiogel i'w hysgol gan Mrs Alun Williams (gwraig y ficer), a'm priod innau. Clywais wedyn i'r prifathro holi'r athrawes y bore hwnnw, 'Beth sy'n bod? Ble mae'r plant? Does dim un enaid byw yma.'

Ymgasglodd y dyrfa o'm cwmpas ar lawnt y neuadd. Ar ôl iddynt ymdawelu, diolchais iddynt am eu cefnogaeth. Dywedais, wrth eu hannerch, 'Nid oes colli'r dydd i fod. Rhaid ymladd hyd yr eithaf. Ond i ni ddal yn unol, nid oes ond buddugoliaeth sicr yn ein haros. Y mae cyfiawnder o'n tu. Mae lladron y dŵr â'u golwg ar lawer man arall yng Nghymru, a bydd y ffaith ein bod ni'n ennill y dydd yn symbyliad i eraill ddilyn ein hesiampl. Arhosed y cwmni o Abertawe y tu allan i'r neuadd hyd nes i ni ganu "Hen Wlad Fy Nhadau".' Tybiais imi glywed pwyslais trymach ar y geiriau 'eu gwrol ryfelwyr' wrth ganu'r anthem gydag arddeliad o dan arweiniad Elwyn Jones. Yna daeth y Parch. Alun Williams ymlaen yn hamddenol i agor drws y neuadd, a chorlannwyd y lle ar unwaith.

Agorwyd y cyfarfod gan R. S. Offord, yr Arolygydd Peiriannol a apwyntiwyd gan Syr Keith Joseph, a phwysleisiodd ar y dechrau mai Gwrandawiad Lleol oedd hwn, ac nid Ymchwiliad Cyhoeddus. O'r herwydd, meddai, yr unig bobl yr oedd ganddynt hawl gyfreithiol i fod yn bresennol, oedd hyrwyddwyr y cais a'r gwrthwynebwyr. Doedd neb arall i fod yno – dim hyd yn oed y wasg. Ond roedd y neuadd dan ei sang, a gohebwyr y wasg yn awchu am stori! Sylweddolodd yr Arolygydd yn fuan iawn mai ofer fyddai ceisio gwagio'r neuadd, a gan nad oedd Clerc Bwrdeistref Sirol Abertawe yn gwrthwynebu i'r wasg fod yn bresennol, caniatawyd i bawb aros yn eu seddau. (Fore trannoeth, yn ei adroddiad yn *The Times*, dywedodd y gohebydd, 'The hearing itself was unusual. No one could recall one being held on a similar basis before'.)

Pwrpas y gwrandawiad, meddai'r Arolygydd, oedd ystyried cais Corfforaeth Abertawe ar ran grŵp o awdurdodau Gorllewin Morgannwg i archwilio a thyllu tir yn y dyffryn, er mwyn ystyried ei addasrwydd ar gyfer cynllun cronni dŵr, ac i wrando ar unrhyw wrthwynebiad. Pe bai'r tir yn addas, byddai'r Gweinidog wedyn yn cynnal Ymchwiliad Cyhoeddus, meddai. Ni ddylai neb, felly, wrth annerch y cyfarfod, gyfeirio at foddi'r cwm. Roedd yn ofynnol i gyfyngu'r drafodaeth i'r gwaith o archwilio a thyllu yn unig.

Cynrychiolwyd awdurdodau Gorllewin Morgannwg gan Iorwerth Watkins. Y gwrthwynebwyr oedd W. S. Thomas, Clerc Cyngor Sir Caerfyrddin, Montague Keen, Ysgrifennydd Seneddol Undeb Cenedlaethol yr Amaethwyr, Emlyn Thomas, a gynrychiolai Undeb Amaethwyr Cymru, yr Is-gyrnol G. H. F. Chaldecott, a gynrychiolai rai ffermwyr, ac W. J. Williams, a oedd yno fel sylwebydd ar ran Bwrdd Afonydd De-orllewin Cymru.

Iorwerth Watkins wnaeth y cais ar ran Abertawe. Gynted y dechreuodd siarad, gwelais gyfrwystra'r gorfforaeth. Yn ôl y ffigurau a roddodd, lleihawyd nifer y ffermydd y dymunent archwilio eu tir o 15 i 8, a lleihawyd swm gofynnol y dŵr o 50 miliwn o alwyni'r dydd i 16 miliwn. Y bwriad, wrth gwrs, oedd rhoi'r argraff gwbl gamarweiniol taw cynllun bychan oedd ganddynt mewn golwg.

Soniodd fod awdurdodau Gorllewin Morgannwg wedi bod yn pryderu am dros dair blynedd wrth weld y galw cynyddol am ddŵr i ddiwydiant a chartrefi. Erbyn 1970, meddai Iorwerth Watkins, amcangyfrifid y byddent yn brin o rhwng 16 a 17 miliwn o alwyni o ddŵr y dydd, a doedd neb wedi amau nad oedd yr angen hwn am ragor o ddŵr yn un real.

Yn ystod y blynyddoedd diwethaf bu'r awdurdodau, meddai ymhellach, yn ystyried gwahanol safleoedd posib, a phenderfynwyd mai'r un mwyaf addawol fyddai cynllun Gwendraeth Fach. Mae'r cynllun hwn mewn dwy ran, meddai: yn gyntaf, codi argae i gronni llif afon Gwendraeth Fach, ac yn ail, codi gorsaf pwmpio dŵr yn Nantgaredig, ychydig filltiroedd i ffwrdd, er mwyn pwmpio dŵr oddi yno o afon Tywi drwy dwnnel i'r argae. Rhoddodd addewidion: ni fyddai gwaith yr archwilwyr yn creu mwy o aflonyddwch nag oedd

57

rhaid; byddai'r gwaith tyllu yn cael ei wneud yn agos i ffiniau'r caeau; byddai'r pyllau arbrofi rhyw 6 troedfedd sgwâr a 25 troedfedd o ddyfnder; ffrwydradau bychan fyddai'n cael eu defnyddio ar gyfer y profion seismig, a chesglid y pridd da ar wyneb y tir i'w ailosod pan fyddai'r gwaith wedi'i orffen. Gyda chydweithrediad, ychydig iawn o ymyrraeth ddylai fod ar waith bob-dydd y ffermwyr, meddai'r Clerc, yn hynod hyderus.

Yna darllenodd lythyrau'r ffermwyr a oedd yn gwrthwynebu'r gwaith: Ieuan Jones, Tŷ'r-bont; T. J. Arwyn Richards, Llandre; Arthur Williams, Limestone; Huw Williams, Panteg; Eirwyn Davies, Allt-y-cadno; a G. Saracini, Torcoed Fach – i gyd o Langyndeyrn. Cynrychiolodd Undeb Amaethwyr Cymru'r canlynol: John H. Evans, Torcoed Isaf; Ifor Glyn Thomas, Ynysfaes; C. O. Williams, Llethr Llestri, Llanddarog; T. J. Thomas, Maesifan, Llanddarog; D. J. Jenkins, Torcoed Ganol, Porth-y-rhyd; ac I. T. Thomas, Torcoed Fawr, Crwbin.

Bu'r rhai a siaradodd yn erbyn y cais yn drefnus, yn bendant ac yn bwrpasol. Mynegodd Arthur Williams, Limestone, ei ofid y byddai'r tyllu a'r tanio ar ei fferm 150 erw yn achosi niwed na ellid byth ei ddigolledu ag iawndal, a byddai'r ffrwydradau yn siŵr o achosi i'r gwartheg erthylu, am eu bod yn greaduriaid mor nerfus. Torrodd y clerc ar ei draws gan fynnu na ddeuai unrhyw niwed i'r gwartheg. 'Mater i mi ddyfarnu arno yw hynny,' atebodd perchennog Limestone, o'i brofiad hir ym myd amaethu.

Dywedodd Huw Williams fod Panteg, lle bu ei deulu'n ffermio am dros bedair cenhedlaeth, yn cael ei chyfri yn un o ffermydd gorau'r ardal. Pe bai'r cynllun yn cael ei wireddu, byddai'r cyfan dan ddŵr. Byddai'r tyllu a'r cloddio, tanio chwe ffrwydrad seismig a chreu deg pwll arbrofi dros gyfnod o bedwar mis, meddai, yn creu anrhefn fawr i waith ei fferm.

Dewi Thomas oedd y nesaf i siarad. Ar ôl dechrau ffermio Glanyrynys, fferm 154 erw, yr oedd wedi cadw, os nad gwella, safon uchel ffermwriaeth ei dad o'i flaen, meddai. Byddai'r cyfan o'u gwaith yn cael ei effeithio pe rhoddid caniatâd i gais Abertawe, a byddai balans ei stoc mewn perygl o'i andwyo. Roedd hi'n anghyfiawn i ymyrryd â'i dir amaeth da yng Nglanyrynys a gyfrifai'n dreftadaeth werthfawr iddo, treftadaeth na allai arian byth ei ddigolledu amdani. Ni fyddai ei gydwybod yn caniatáu iddo adael un swyddog i ddod i mewn i'w dir ar ran Abertawe, beth bynnag fyddai'r canlyniadau.

Pe rhoddid caniatâd i Gorfforaeth Abertawe ddod mewn i'w dir peryglai hynny ei fywoliaeth gyfan, ychwanegodd Ifor Glyn Thomas.

Prynodd William Thomas fferm Glanyrynys pan oedd yn ddyn ifanc, meddai, ac roedd wedi treulio'i fywyd yn gwella'i hansawdd. Soniodd ei fod wedi dilyn afonydd Cothi a Thywi i'w tarddle, ac ni welodd yno ond diffeithdir hyd at ddeng milltir, a chyfleusterau arbennig am gyflenwadau enfawr o ddŵr heb effeithio ar fywoliaeth nemor neb. Mor wahanol oedd tiroedd Gwendraeth Fach lle'r oedd, er enghraifft, rhwng Llangyndeyrn a Phorth-y-rhyd, dros 10,000 o wartheg yn pori.

Ar ran y ffermwyr a berthynai i Undeb Cenedlaethol yr Amaethwyr, dywedodd Montague Keen y dylai'r Gweinidog holi a oedd pob safle posib arall wedi'u hystyried yn fanwl gan hyrwyddwyr y cais, sef ardaloedd lle na fyddid yn difetha tir amaeth, na tharfu ar gymunedau lleol. Roedd yn sefyllfa druenus, meddai, na welsant hwy yn dda i ymgynghori o gwbl â'r bobl a fyddai'n cael eu heffeithio gan y cynllun yng nghwm Gwendraeth Fach.

Parhaodd y gwrandawiad o ddeg y bore tan un o'r gloch, ac yna o ddau tan bump y prynhawn. Yn wyneb dadleuon y gwŷr da hyn, a gwendid tystiolaeth cynrychiolwyr Abertawe, fe deimlodd y gynulleidfa bod y gorfforaeth wedi colli'r dydd yn llwyr, a bod y fuddugoliaeth yn eiddo i ni. Ar ddechrau'r gwrandawiad teimlais fod ein gwrthwynebwyr yn falch, yn hunanol ac yn herfeiddiol eu hysbryd, ond erbyn diwedd y cyfarfod aethant i edrych fel y dynion mwyaf diflas dan haul. Pan ofynnodd R. S. Offord rai cwestiynau iddynt methwyd ag ateb. Wrth ffwmlan yn ofer yn ei bapurau, meddai'r clerc, mewn cywilydd, 'This is the first time we've had an opposition.'

A chwarddodd pawb yn y neuadd am ei ben.

Wrth ymadael â'r neuadd teimlais fod yr Arolygydd wedi delio'n deg â ni ac, wrth farnu'r gwrandawiad, credais na allai fyth fwrw'i goelbren o blaid Abertawe. Byddai'n sicr, meddyliais, o annog Syr Keith Joseph i wrthod eu cais.

Er i ni gael sylw mawr ar y teledu a'r radio, ac yn y papurau Cymreig a Llundeinig, yn dilyn y gwrandawiad, ac er yr anogaeth a gawn mewn llythyrau, teimlai rhai yn y gymdogaeth ein bod yn brwydro ar ein pennau ein hunain, heb fawr o gefnogaeth ymarferol o'r tu allan. Edrychwyd ar ein hachos ni yn wahanol i un Tryweryn. Saeson a fu'n lladrata dŵr a thiroedd yno. Awdurdodau Cymreig oedd yn ceisio dwyn ein tir ni. Galwyd arnaf droeon i roi'r ateb hwn i'r ddadl: os oes unrhyw ryfel yn waeth na'i gilydd, onid rhyfel cartref yw hwnnw? Onid dyna sy'n digwydd yma yng nghwm Gwendraeth Fach – ein cymrodyr a'n cyd-Gymry yw'r ymosodwyr a'r treiswyr?

Yna cefais siom fawr. Clywais fod 11 o berchnogion tiroedd yn rhannau uchaf y cwm (yr oedd eu henwau yn ein meddiant) yn barod i groesawu'r archwilwyr a'r tyllwyr â breichiau agored, ac yn barod i werthu eu tir hyd yn oed, pe bai galw am hynny. Ond, o drugaredd, gwyddwn mai nad dyna'r tiroedd y dymunai Abertawe eu harchwilio, ond yn hytrach rai yn is i lawr y dyffryn. Er hynny, fe roddodd y newydd drwg hwn ysgytwad i nifer o aelodau'r Pwyllgor Amddiffyn. Ar adegau bu'n rhaid wrth amynedd, pwyll a doethineb rhag peryglu ei unoliaeth. Cyfeiriais wrthynt y tro hwn at frwydr William Wilberforce yn erbyn caethwasiaeth, a'r modd y pleidleisiodd 16 yn ei erbyn mewn dadl dyngedfennol yn Nhŷ'r Cyffredin. Ceisiodd rhai Aelodau Seneddol y dydd ddatgelu eu henwau er mwyn eu parddu, ond anogodd Wilberforce iddynt anghofio'r 'gresynus' 16, a chofio am y 283 'gogoneddus' a bleidleisiodd o'i blaid. Gwnawn ninnau yma yn Llangyndeyrn yr un peth, meddwn wrth y pwyllgor. Anghofiwn amdanynt.

Dyfarniad Syr Keith Joseph

Ar fore Mawrth, 30 Gorffennaf 1963, bore gogoneddus pryd y buasai ymwelydd yn cael ei swyngyfareddu gan brydferthwch y cwm, gyda'i arwyddion o gynhaeaf toreithiog, wele fan y postmon o Gydweli yn cyrraedd rhai ffermydd yn y pentre gan gario amlenni mawr, llwyd ac arnynt y geiriau bras 'On Her Majesty's Service'. Newyddion drwg oedd ynddynt. Roedd Syr Keith Joseph wedi dyfarnu yn ein herbyn, ac o blaid Abertawe. Allwn i ddim credu y gallai wneud y fath gam â ni. A gafodd ei gamarwain gan arolygydd y Gwrandawiad Lleol? Neu a ddiystyrodd y Gweinidog dystiolaeth y gurfa a roddwyd i wŷr Abertawe wrth inni ddadlau ein hachos?

Rhoddwyd y newyddion drwg i gynrychiolwyr a oedd yn bresennol mewn cynhadledd o awdurdodau lleol Sir Gaerfyrddin. Hysbysodd Clerc y Cyngor Sir, W. S. Thomas, bod llythyr y Gweinidog yn awdurdodi archwiliad ar diroedd y dyffryn. Ar ôl ystyried tystiolaeth y Gwrandawiad Lleol ac adroddiad yr arolygwr peiriannol, roedd y Gweinidog o'r farn bod angen dybryd am safle mawr newydd i gronni dŵr ar gyfer awdurdodau Gorllewin Morgannwg.

Pan glywodd y cynrychiolwyr hyn cytunwyd i ddatgan eto eu penderfyniad i wrthwynebu'r cynllun ac i gymeradwyo, yn ei le, ddau safle – Tywi (uchaf) a Tywi (Brianne).

Trannoeth euthum ati i ysgrifennu llythyr i'r Gweinidog:

Dear Sir Keith,
We wish to inform you that we were amazed yesterday morning to hear that you have given permission to Swansea County Borough Council under Section 3 of the Water Act, 1948, to survey land, and also to examine geological and engineering factors, in the parishes of Llangyndeyrn, Llanddarog and Llannon in the County of Carmarthen. We are aware that you have arrived at this decision after considering the report of your engineering inspector, Mr R. S. Offord, who presided at the local hearing, which was held at the Llangyndeyrn church hall on 26th June.

We believe that there should have been a verbatim report of the proceedings which took place. If such had been the case, it would undoubtedly convince you that you have been badly misdirected. A great injustice has been done to this Welsh community. In face of the overwhelming evidence which was given on behalf, and in favour, of the farmers of this area, and the weak, spineless and faltering evidence presented by the Swansea representatives, it was evident to all persons at the hearing that the Swansea officials had become most despondent and dejected, and we dare say, they are surely surprised at your decision.

The Defence Committee will meet this evening, and we believe that they will follow our advice not to yield in the battle, whatever the cost. We shall place every difficulty in the way of any person who will try to enter the land. You may rest assured that the Tryweryn opposition was infinitesimal in comparison to the opposition which will be shown at Llangyndeyrn.

The letters that we have received from all parts of Wales, and even from many parts of England, convince us that we are not alone in the struggle, and that the nation will render us the warmest support in the effort to save the valley. Allow us to remind you of your inconsistency, insofar that you stated in the House of Commons: (Hansard, July 17, page 757) 'It would be a very strange Minister who would overrule the river authority by using his directive power without seriously taking into account local feelings which he might be outraging.'

We wonder whether Mr Offord has informed you that all of the inhabitants of Llangyndeyrn on the morning of the Local Hearing turned out and formed a procession at 9.30 to the Church Hall, and that many Ministers of Religion and residents from neighbouring villages, amounting to some 400 in numbers, joined us in order to express their sympathy towards us.

We inform you that in your decision you have outraged the village, and that you will be responsible for the manner you have dealt towards us in this grave and tragic decision.

W. Thomas, Chairman
W. M. Rees, Secretary

Pan alwyd cyfarfod brys o'r Pwyllgor Amddiffyn y noson ddilynol yr oedd 20 o'r aelodau wedi cyrraedd erbyn 9 o'r gloch. Yr oedd yn amlwg fod y llythyr a dderbyniodd y ffermwyr wedi'u hysgwyd yn fawr iawn, a phwy allai eu beio wrth feddwl am y creulondeb posib o lusgo pobl dda, heddychlon gerbron llys barn, achos dyna'n naturiol fyddai'r cam nesaf.

Ond agorodd William Thomas y drafodaeth ar nodyn cadarnhaol. Wedi datgan ei siom am benderfyniad y Gweinidog dywedodd mai dechrau'r frwydr oedd hyn ac nid ei diwedd, a'i fod ef a minnau wedi bod yn trafod dulliau i wrthwynebu'r archwilwyr a'u rhwystro yn eu gwaith. Gofynnodd beth oedd teimladau'r aelodau. A oeddent am ein dilyn? Ar y dechrau roedd gogwydd ymhlith rhai i ildio'r frwydr, ac roedd hynny'n siom ac yn syndod i mi ar ôl yr holl wrthwynebu a wnaethom yn barod. Ond siaradodd eraill am y pwysigrwydd o fod yn unol, a dal yn gadarn. Dywedodd Harry Williams, Panteg, ei fod ef wedi bod yn barod i roi atalfeydd ar y ffordd, i gloi gatiau'r caeau a gosod weiren bigog arnynt *cyn* derbyn llythyr Syr Keith. Cawsom farn William Gealy ac Emlyn Thomas ynglŷn â'r gyfraith pe gosodid rhwystrau ar y ffordd; siaradodd Edryd Richards, Pantyffynnon, yn gryf dros gadw unoliaeth yn ein plith, a dywedodd, gan fod un dyn yn Llundain wedi troi'r cyfan yn ein herbyn, ei bod yn frwydr nawr rhwng unbennaeth a democratiaeth; dyfynnais innau lythyr gwerthfawr Saunders Lewis a gyhoeddwyd yn y *Western Mail*, a dywedais y byddai'n sarhad arnom pe byddem yn ildio nawr gan fod llygad Cymru gyfan arnom.

O un i un dechreuodd yr aelodau ymysgwyd o'u siom. Gallwn weld eu hysbryd yn ymgryfhau ac ymwroli wrth iddynt sylweddoli bod anghyfiawnder wedi digwydd. Yna, apeliodd y Parch. Alun Williams ar i ni ofalu rhag defnyddio trais, oherwydd gallai'r gwaed boethi wrth i bethau ddatblygu o hyn ymlaen. Pasiwyd penderfyniad unfrydol i osod pob rhwystr ar y ffordd pe deuai peirianwyr Abertawe i'r cwm, gan ddefnyddio dulliau di-drais wrth wrthwynebu. Gwyddom pa fannau y bwriadai Abertawe eu harchwilio a rhaid oedd gwneud yn siŵr na fyddai modd i'w peirianwyr fynd i mewn i'r caeau hynny. Roedd yn ofynnol, felly, nid yn unig i gadwyno a chloi'r gatiau'n sownd, ond codi baricêd wrth bob un. A pha rwystrau fyddai'n fwy pwrpasol at y gwaith ond offer trwm y fferm – hen dractor, byrnwr a chodwr grawn, er enghraifft? Roedd y syniadau'n dechrau llifo nawr! Awgrymodd un o'r cwmni y byddai'n syniad da i ganu cloch yr eglwys i'n rhybuddio ac i alw'r pentrefwyr ynghyd pe clywem am ddyfodiad yr ymosodwyr. Yr oedd yna hefyd siarad ymhlith rhai eu bod yn barod hyd yn oed i wynebu carchar dros ein hachos.

Gan fod y wasgfa'n fwyfwy arnom fel cymuned fechan, ddinod, a chan fod Eisteddfod Genedlaethol Llandudno wrth y drws, meddyliais y byddai'n fantais fawr petai'r genedl yn rhoi ei chefnogaeth o'n plaid o lwyfan yr Ŵyl. Anfonais y llythyr hwn at Cynan, yr Archdderwydd, ar Awst 3:

> Annwyl Archdderwydd,
>
> Dymunwn eich hysbysu fod trigolion pentref Llangyndeyrn yn wynebu brwydr fawr er mwyn cadw eu cartrefi, eu tir a'u bywoliaeth. Rhoddodd y Gweinidog dros Faterion Cymreig (Syr Keith Joseph) hawl i Gyngor Bwrdeistref Abertawe i archwilio a thyllu'r tir. Am hynny, ar ran y Pwyllgor Amddiffyn, ysgrifennaf atoch gan ofyn a fyddech mor garedig ag apelio o'r llwyfan ar i holl Gymry'r eisteddfod i estyn eu cydymdeimlad i ni yn yr awr gyfyng hon. Credwn y gellid rhoddi cymorth effeithiol drwy anfon protest o faes yr eisteddfod at Syr Keith a Mr Macmillan, y Prif Weinidog.
>
> Credwn mai trosedd fawr fyddai boddi'r cwm hwn yn wyneb y ffaith y ceir yn rhandiroedd y Tywi gyflenwadau enfawr o ddŵr, a'r cyfleusterau mwyaf naturiol, i godi argaeau i gronni dyfroedd lawer heb ddistrywio un fodfedd o dir cynhyrchiol.
>
> Pe boddid cwm Gwendraeth Fach fe ddygid oddi arnom dros fil o erwau o dir amaeth nad oes ei well yng Nghymru, ac effeithiai hynny'n niweidiol ar iechyd y bobl; distrywiai hefyd y bywyd crefyddol a chymdeithasol, ynghyd â bywyd Cymreig y frodir Gymraeg hon. Barnwn, o gydwybod ddofn, y dylasai'r fath anrhaith gyffroi calon Cymru gyfan ar ddydd ei Huchel Ŵyl yn yr Eisteddfod Genedlaethol.
>
> Yr eiddoch yn gywir,
> W. Thomas, Cadeirydd y Pwyllgor Amddiffyn
> W. M. Rees, Ysgrifennydd y Pwyllgor Amddiffyn

Wn i ddim a dderbyniodd Cynan y llythyr, ond ni chefais ateb ganddo.

'Ysbiwyr' ac Abertawe'n Symud

Er ei bod yn fis Awst ac yn dymor gwyliau, allwn i ddim meddwl am adael y cylch rhag ofn i'r peirianwyr ymweld â ni yn annisgwyl. Ni fedrwn fynd i unlle heb hysbysu ymhle y gellid dod o hyd i mi. Ofnwn y byddai'r lorïau â'u peiriannau tyllu yn dod i mewn yn slei dan gysgod nos.

Fe gawsom ymweliad buan, ond nid yng nghanol nos, serch hynny. Un bore teg, a minnau ar fy ffordd i fyny i'r ardd ger y ficerdy (darn o dir anial oedd hwn y cefais ei fenthyg gan gymydog caredig yn Llandre i'w droi'n ardd, gan nad oedd digon o dir oddi amgylch Bro Dawel i blannu taten!), a dyma gar yn aros yn fy ymyl a llais William Thomas yn fy ngwahodd i mewn ato. Byddai'r Cadeirydd a minnau'n treulio oriau lawer gyda'n gilydd wrth drafod a chynllunio tactegau'r frwydr. Gyda hynny, daeth Land Rover â rhif cofrestru Abertawe i'n cyfeiriad yn araf iawn. Gwyddem mai dau swyddog o Gorfforaeth Abertawe oedd ynddo. Roeddem wedi adnabod un o'r ddau, sef 'Jones Bach y Dŵr', y dyn a yrrwyd yn ôl gennym i Abertawe o glos fferm Allt-y-cadno fis ynghynt. Yn sydyn, cododd William Thomas ei bapur dyddiol o flaen ein hwynebau rhag iddo ein gweld. Daeth y ddau allan o'r Land Rover a cherdded tuag at glos Llandre. Dychwelais innau ar ras i Fro Dawel i wylio'u symudiadau drwy ddrws cilagored, tra aeth William Thomas i hysbysu rhai o'r ffermwyr agosaf am yr ymwelwyr.

Ar ôl ychydig, dychwelodd y ddau o Landre a gwelais hwy'n gyrru heibio i Fro Dawel, parcio yn ymyl swyddfa'r post, ganllath i ffwrdd, yna cerdded yn ôl i gyfeiriad y mans. Dyma gnoc ar y drws ffrynt. Agorais ef a rhoi croeso boneddigaidd i Mr Jones, y tirfesurydd, a Mr Mackellar, peiriannydd cynorthwyol Corfforaeth Abertawe. Wrth sgwrsio yn y parlwr am bethau cyffredinol, roedd hi'n amlwg bod Mr Jones yn bur swil a phryderus. Holais os carent gwpaned o de. Ymlaciodd Mr Jones rhyw gymaint pan ddaeth fy mhriod i mewn, yn ôl ei harfer garedig, â chwpaneidiau o de a theisen cartref y cyfranogwyd yn helaeth ohoni gan y ddau ymwelydd.

Daeth y sgwrsio cyffredinol i ben. Fe'm holwyd beth oedd

teimladau'r pentrefwyr a'r ffermwyr erbyn hyn. Dywedais fy mod yn ymweld â nifer fawr o gartrefi'r ardal fel rhan o'm gwaith fel gweinidog, a gwyddwn fod yna ofid a phryder dwys ym mhobman oherwydd y modd Hitleraidd yr ymosodwyd arnom y tu ôl i'n cefn, heb unrhyw ymgynghori o gwbl. Ar hyn, cyfaddefodd y ddau i Abertawe fod ar gam wrth ddod i mewn i'r gymdogaeth y modd y gwnaethant. Ond, meddwn i, mae yma hefyd wrthwynebiad cryf iawn sy'n ddi-ildio. Yn wir, meddwn, mae rhai, a minnau yn eu plith, yn barod i fynd i garchar dros yr achos. 'Those are very strong words, Mr Rees,' meddai Mr Mackellar. 'Well,' atebais, 'that is our moral weapon, and I hope our stand will arouse the anger of the whole of Wales against your scheme.'

Cyn ymadael â Bro Dawel, ar ôl tuag awr o drafod, gwnaeth y ddau swyddog gamsyniad mawr wrth ddatgelu beth oeddynt am ei wneud yn ystod gweddill y dydd. Roeddent am ymweld ag William Thomas yn ei gartref cyn mynd draw am ginio i dafarn y Smiths gerllaw. Wedyn bwriadent ymweld ag wyth fferm a oedd yn bwysig iddynt ar gyfer archwilio eu tiroedd. Wrth ymadael â nhw wrth ddrws Bro Dawel, pwy oedd wedi bod yn aros gerllaw yn amyneddgar, ond y Cadeirydd ei hun. Gwahoddais ef a'r ddau ymwelydd yn ôl i'r tŷ. Cadarnhaodd William Thomas y cyfan a ddywedais i wrthynt, gyda sêl a phendantrwydd mawr. Dau swyddog hynod dawedog ffarweliodd â ni wrth iddynt fynd draw i gyfeiriad y dafarn am damaid o ginio. Ond yr oedd gennym ni'n dau waith i'w wneud yn y cyfamser. Ymwelodd William Thomas a minnau â'r wyth fferm i'w rhybuddio ymlaen llaw ynglŷn â'r ddau swyddog, gan ymhŵedd arnynt i ddangos eu gwrthwynebiad cryfaf posib. A dyna ddigwyddodd. Ar fferm Panteg, er enghraifft, dywedodd Harry Williams wrthynt na allai fyth wynebu pobl eto pe cydymffurfiai â nhw. Wynebai garchar cyn cyfaddawdu.

Gwrthod Mynediad i'r Tir

Ar fore Llun, 16 Medi 1963, cychwynnais ar fy nhaith i gyfarfodydd Undeb Bedyddwyr Cymru yn Nolgellau, a hynny ar yr amod y byddai fy mhriod yn fy hysbysu ar unwaith pe digwyddai unrhyw beth o bwys yn Llangyndeyrn. Ar fore dydd Iau derbyniais lythyr ganddi yn dweud bod wyth o ffermydd wedi derbyn llythyrau o Abertawe i geisio hawl i fynd i mewn i'w caeau, ac y byddai swyddogion yn ymweld â phob fferm yn ei thro ar amserau penodol ar y Dydd Gwener. Hefyd, roedd y Pwyllgor Amddiffyn wedi cyfarfod ar frys y noson ddilynol. Dychwelais adref o Ddolgellau yn syth.

Yn hwyr y dydd Iau hwnnw, cefais gryn drafferth i gael gafael ar William Thomas. Wrth gerdded yn ôl o'i gartre am y pedwerydd tro, gwelais ef yn dychwelyd yn ei gar. Roedd yn rhaid inni benderfynu ar unwaith beth oeddem i'w wneud fore trannoeth, y dydd y byddai swyddogion Abertawe yn glanio ar yr wyth fferm. Cytunodd y ddau ohonom y byddem ni, a'r Parch. Alun Williams, yn mynd ogylch pob fferm pan fyddai swyddogion Abertawe yn ymweld â nhw, er mwyn rhoi cefnogaeth foesol i'r ffermwyr. Ond yr oedd un ohonynt o dan anfantais fawr, sef Eirwyn Davies, tenant Allt-y-cadno, a gafodd rybudd i gydymffurfio â chais Abertawe, a hynny yn erbyn ei ddymuniad. Roeddwn wedi sôn droeon bod Allt-y-cadno yn wendid mawr yn y gadwyn, a dywedais wrth William Thomas ein bod ni ar fai am nad oeddem wedi cysylltu â'r Is-gyrnol Chaldecott, a weithredai ar ran y perchnogion, i bwyso arno i newid ei feddwl a chaniatáu i'r tenant weithredu yn ôl ei gydwybod. 'Os ydych chi'n barod i gwrdd ag e nawr, fe af i lawr â chi yn y car i Gaerfyrddin,' oedd ymateb y Cadeirydd. Roedd hi'n tynnu am ddeg o'r gloch y nos erbyn hyn, ond roeddwn yn falch o'r cyfle i gwrdd â'r Is-gyrnol. Wedi cyrraedd ei dŷ, doedd neb gartref.

Am 8.45 fore trannoeth, dydd yr 'ymweliad', ffoniais Chaldecott a bûm yn ceisio'i ddarbwyllo am ugain munud dda i newid ei feddwl. Er iddo fod yn ddigon cwrtais wrthyf, nid oedd am ildio. Cydymdeimlai â'n hachos, ond credai mai'r peth iawn oedd derbyn dyfarniad Syr Keith Joseph a gadael Abertawe i wneud eu gwaith.

Prysurodd y tri ohonom, y Cadeirydd, y Parch. Alun Williams

a minnau, i fyny at fferm Glanyrynys erbyn 10.30, yr amser a benodwyd ar gyfer ymweliad y swyddogion. Gwelwn fod y gât i'r fferm wedi'i chloi a'i chadwyno'n dynn. Y tu ôl iddi safai Dewi Thomas yn disgwyl am beiriannydd dŵr Corfforaeth Abertawe. Cyrhaeddodd hwnnw'n brydlon gyda'i gynorthwywyr. Gŵr o'r enw Richard Lillicrap oedd y peiriannydd (enw a ddaeth yn gyfarwydd iawn ar wefusau'r pentrefwyr yn ystod y misoedd i ddod). Estynnodd bapur o'i boced a'i roi i Dewi.

County Borough of Swansea

The Water Acts, 1945 and 1948
Notice of Intended Entry
(for the purposes of survey pursuant to
Section 8 of The Water Act, 1948)

To: Dewi Treharne Thomas, the occupier of
Glan-yr-ynys Farm, Llangendeirne, Kidwelly
in the County of Carmarthen

Whereas the Mayor, Aldermen and Burgesses of the County Borough of Swansea acting by the Council as the statutory water undertaking for the said County Borough have been authorised by the Minister of Housing and Local Government under Section 8 of the Water Act 1948, to enter on and survey the lands described in the schedule hereto and of which you are the occupier
TAKE NOTICE THAT the said Council by such of its officers as are authorised for the purpose or any of the intends to enter on the said lands in connection with a survey thereof with such other persons as may be necessary at 10.30 o'clock in the forenoon on Friday next the 20th day of September 1963.

Dated the 17th day of September 1963

THE SCHEDULE
Parcels 787, 783, 778, 786, 819, 818, 788, 817, 821 822, 824, 833 of Glan-yr-ynys Farm, Llangendeirne, Kidwelly, Carms.

The Guildhall,   Iorwerth Watkins
Swansea   Town Clerk

Fyddai dim modd agor y gât hon!

(Llun: *Herald of Wales*)

Dewi Thomas yn gwneud yn siŵr nad oedd modd i neb fynd heibio i'w dractor i gaeau Glanyrynys

(Llun: *Carmarthen Journal*)

Arwyn Richards (chwith) a Peris Howells yn sicrhau bod y codwr grawn yn ei le a'r gât wedi'i chloi a'i chadwyno

(Llun: *Carmarthen Times*)

69

Yna clywais lais croyw'r ffermwr 31 oed yn torri'n gadarn ar yr awyr iach, 'Yr wyf yn gwrthod rhoi caniatâd i chi fynd i mewn i'r tir'. Aeth y peiriannydd i'w boced eto ac estynnodd ail epistol a baratowyd ymlaen llaw a'i hysbysai bod Abertawe, o ganlyniad, yn bwriadu rhoi cais gerbron Llys Ynadon Caerfyrddin i gael gwarant i fynnu'r hawl:

In the County of Carmarthen
Petty Sessional Division of Carmarthen County
Notice of Intention to Apply for Warrant to Enter Land
For the Purposes of Survey

The Council was, on the 20th day of September 1963, refused admission to the said lands after giving you due notice of its intention to enter.

TAKE NOTICE THAT the said Council intends to apply under section 48 of the Water Act 1948 to the Magistrates sitting at the Shire Hall, Carmarthen on Saturday the 28th day of September 1963 at 11 o'clock in the forenoon for a Warrant for the purpose of exercising the said authority

AND FURTHER TAKE NOTICE THAT, to produce the notice of intended entry served upon you on this day of September 1963 at the hearing before the Magistrates.

Dated this 20th day of September 1963

The Guildhall,   Iorwerth Watkins
Swansea   Town Clerk

Dilynodd y Cadeirydd, y ficer a minnau Richard Lillicrap i fferm y Llandre nesaf, lle tybiodd y byddai'n cyflwyno'i neges unwaith eto. Ond, wedi curo'r drws caeedig, a heb gael ateb, gwthiodd ei amlen o dan y drws. Drwy ryw ryfedd wyrth, daeth yr amlen allan yn ôl ato! Gwthiodd hi i mewn yr eilwaith. A thrachefn daeth allan eto o dan y drws. Tra roedd y ddrama fach yma'n digwydd – cymerai ryw ddeng munud wrth bob fferm – brysiodd y tri ohonom i Banteg, lle safai naw neu ddeg o ffermwyr ar y ffordd fawr. Dywedais wrthynt am y sgwrs a gefais gyda Chaldecott y bore hwnnw ac i mi fethu ei ddarbwyllo i ildio ynghylch Allt-y-cadno. Gyda phenderfyniad cryf dywedais y dylem fynd lawr yn union i'w weld yn ei swyddfa gyda chwmni John Francis, yr arwerthwyr yng Nghaerfyrddin. 'Dewch mlân, bois!' ategodd William Thomas, ac i ffwrdd â phawb yn eu ceir a'u faniau i'r dre, pob un yn ei ddillad gwaith, a rhai hyd yn oed yn llewys eu crys, heb gotiau na gwasgodau.

Perygl yn Allt-y-cadno

Nid oedd Chaldecott yn ei swyddfa pan gyrhaeddodd y fintai Gaerfyrddin, ac fe'n harweiniwyd i mewn i ystafell eang lle roedd y clercod yn ein llygadu'n syn. Buom yn cynllunio'n tacteg wrth inni aros am y swyddog cynorthwyol a addawodd ddod i'n cwrdd. Pan ymddangosodd Mr Perkins, gwelsom ar unwaith nad oedd ganddo unrhyw gydymdeimlad â'n cais. Felly, rhaid oedd defnyddio arf miniocach i roi mwy o bwysau arno. Cwmni John Francis oedd yr asiantwyr a weithredai ar ran perchenogion Allt-y-cadno, a'r cwmni hwn hefyd oedd yr arwerthwyr ym mart Caerfyrddin. Felly roedd yn fygythiad go ddifrifol iddo pan ddywedodd Dewi Thomas a Huw Williams wrtho pe gwrthodai roi caniatâd i Eirwyn Davies weithredu fel y dymunai yna byddai 34 o ffermwyr y cwm yn gorffen gwneud busnes gyda ffyrm John Francis ar unwaith. Cyrhaeddodd yr ergyd ei nod. Gwylltiodd Perkins, ac aeth allan mewn tymer, ond cyn iddo gau drws ei ystafell cefais gyfle i ddweud wrtho, i'w gywilyddio yng nghlyw'r staff i gyd, 'Scandalous! Scandalous! Not allowing a man to act according to his convictions'.

Ar y ffordd yn ôl i Langyndeyrn yr oeddem wedi penderfynu galw heibio i gartref Chaldecott unwaith eto. Yr oedd Arwyn Richards a Peris Howells wedi cyrraedd o'n blaen o swyddfa John Francis. Erbyn i mi a gweddill y cwmni gyrraedd, roedd cwpaneidiau o goffi a bisgedi yn ein haros y tu allan ar y lawnt, a'r perchennog a'i wraig yn estyn croeso rhadlon i ni. Chaldecott siaradodd gyntaf. Clywodd eisoes y newyddion ein bod wedi ymweld â'i swyddfa, a rhoddodd gerydd, mewn ysbryd pur ffein, mae'n rhaid dweud, mai nid drwy fygwth y buasem yn llwyddo. Yna fe gawsom ninnau gyfle i roi'n hachos, gan ddangos y cam a oedd yn cael ei wneud i denant Allt-y-cadno. Drwy ddyfal berswâd, llwyddwyd yn y diwedd i'w gael i newid ei feddwl a rhoi caniatâd i Eirwyn Davies i wneud fel y mynnai. Hefyd, addawodd Chaldecott na fyddai'r un dial ar Eirwyn, beth bynnag fyddai'i benderfyniad.

Gwenai'r haul yn fwyn arnom wrth inni fwynhau'r bisgedi a'r coffi ar y lawnt. Ond yr oedd cwmwl yn crogi uwchben Llangyndeyrn. Byddai Richard Lillicrap a'i wŷr yn ymweld ag Allt-y-cadno am 12.30. Collwyd amser prin eisoes, ond gallai'r ficer a minnau dystio na yrrwyd car William Thomas erioed yn gyflymach na'r siwrne bum milltir yn ôl i Langyndeyrn i roi'r newydd da i denant y fferm.

Wrth i ni gyrraedd Allt-y-cadno yr oedd gwŷr Abertawe yn paratoi i adael, a golwg eithaf boddhaus ar eu hwynebau. Neidiais allan o'r car a rhedeg ar draws dau glos y fferm lle gwelwn Eirwyn yn eistedd ar stepen drws y tŷ a'i ben yn ei ddwylo. Edrychai yn un o'r dynion mwyaf diflas a welswn erioed. Gorfodwyd ef i roi caniatâd i Abertawe yn hollol groes i'w ewyllys. Fel un yn dwyn pardwn ar y funud olaf i ddyn a wynebai'r gosb eithaf, dywedais wrtho bod ymwared wrth law. Neidiodd ar ei draed fel bollt a rhedeg nerth ei draed at gar gwŷr Abertawe a oedd wedi cychwyn erbyn hyn. Llwyddodd i'w ddal a chododd ei freichiau i fyny i'w atal. Daeth Richard Lillicrap a'i griw allan o'u car i weld beth oedd yn bod, a daethant yn ôl gydag Eirwyn i glos y fferm at William Thomas, Alun Williams a minnau. Yna hysbysais Eirwyn, yng nghlyw gwŷr Abertawe, bod Chaldecott wedi newid ei feddwl. 'Well,' meddai wrthynt, 'I am not giving you permission to enter my land.' Estynnwyd iddo yntau'r un papurau a dderbyniodd y ffermwyr eraill o law Lillicrap. Wrth i'r tri ohonom fynd tua thre yn llawen am ginio, teimlem i ni wneud bore da o waith. Llwyddwyd i gadw'r gadwyn yn gadarn.

Cymorth Cyngor Gwledig Caerfyrddin

Rhoddodd Cyngor Gwledig Caerfyrddin gymorth mawr i'n hymgyrch o'r cychwyn cyntaf. Ond un o'i gymwynasau pennaf oedd comisiynu, a thalu costau sylweddol, am adroddiad cwmni Herbert Lapworth Partners, yr ymgynghorwyr peirianyddol o Lundain, i ddod o hyd i safle ym mlaenau Tywi lle gellid creu cronfa. Mewn byr amser cyflwynwyd adroddiad rhagarweiniol ganddynt. Dywedodd G. G. Thomas, peiriannydd y Cyngor, a roddodd gefnogaeth gyhoeddus o blaid Llangyndeyrn ar bob cyfle posib, bod yr adroddiad yn cadarnhau barn y Cyngor na ddylai cynllun Gwendraeth Fach fynd yn ei flaen. Byddai adroddiad technegol manylach yn dilyn, meddai, a gellid ystyried ei oblygiadau pan elwid cyfarfod arbennig o'r Cyngor.

Mewn rhan o'r adroddiad cymharwyd cynlluniau cwm Gwendraeth Fach a Thywi o dan benawdau arbennig. Wrth ddyfynnu ohono, gwelir pa mor wallgof oedd bwriadau Abertawe:

11. The Towy (Brianne) Primary Regulating Reservoir is estimated to cost less per 1000 gallons yield than the Gwendraeth Fach B Scheme, but other factors have to be considered:
(a) Potential yield
(b) Effect on agriculture
(c) Effect on fisheries
(d) Effect on existing communities and amenities
(e) The advantage of the scheme to river users as a whole

Potential Yield
12. The Gwendraeth B scheme as now proposed gives an ultimate yield of 54 to 61 million gallons per day whereas the Towy (Brianne) reservoir could be augmented by a supplementary regulating reservoir on the Doethie (Lower) to give an ultimate yield of 72 million gallons per day at a lower cost per 1000 gallons.

Effect on Agriculture
13. The Gwendraeth B scheme involves flooding about 1000 acres of good agricultural land including about seven farms and two cottages. By contrast, the Towy (Brianne) reservoir involves no loss of agricultural land and only one weekend fishing cottage is affected.

73

Effect on Fisheries

14. The Towy (Brianne) reservoir is below the spawning grounds and might be objected to by fishery interests. If the Council agree we will obtain expert advice on this problem with a view to overcoming it by the use of passes that permit the passage of migratory fish. This may be difficult because of the considerable height to which the dam may have to be built to give the necessary storage. There is however at least one other site for a regulating reservoir above the spawning grounds that could be considered. The Gwendraeth B scheme is free of such objections insofar as they relate to the River Towy.

Effect on existing communities and amenities

15. The Gwendraeth B scheme would adversely affect the amenities of the area and particularly the village of Llangendeirne by its overshadowing presence. In the summer, extensive mud flats would be revealed around the reservoir margins when the level was drawn down. The Llangendeirne – Crwbin and Cwmisfael – White Hall roads would be affected and extensive measures to divert sewage effluents from the reservoir catchment might be needed.

The Towy (Brianne) reservoir causes no serious inconvenience to any existing community. Although the area is a beautiful wild country, we do not think that a reservoir would detract from its natural beauty, but again this is a matter on which the advice of a landscape architect might be sought.

Quality of water

16. A disadvantage of direct abstraction from the river such as would be required by the Towy (Brianne) scheme is the high turbidity of the water which must be taken for long periods. Settlement is needed at the intake but this has been provided for in the Working Party's estimates.

Advantages to river users as a whole

17. The recent government White Paper on Water Conservation dated April 1962 makes it clear that independent authorities should no longer be left to develop the country's water resources according to the separate needs of particular areas. A comprehensive approach is necessary and we consider that a regulating reservoir scheme for the upper reaches of the River Towy, such as we have described, facilitates later unified control and offers the greatest advantage to all River Towy users by:

(a) Storing excessive run-off from heavy storms thereby reducing the risk of flooding in low-lying parts of the catchment.

(b) Augmenting river flow during times of low flow so that it is far healthier in dry weather.

All effluent discharges and abstractions are governed by the dry weather flow in the river and any scheme whereby this can be augmented will benefit public health authorities, industries, fishery and agricultural interests, riparian owners and the general public.

A pumped storage scheme such as the Gwendraeth Fach B does not confer these benefits to other river users until it is supplemented by the regulating reservoir proposed for its later development.

Pan dderbyniwyd adroddiad llawn Herbert Lapworth gwnaeth y peiriannydd G. G. Thomas ddefnydd helaeth ohono yng ngholofnau'r wasg, a beirniadodd yn gyhoeddus haeriad Corfforaeth Abertawe, y byddai cynllun Brianne yn ddrutach na chynllun cwm Gwendraeth Fach.

Meddai'r *Herald of Wales* ar 23 Tachwedd:

Mr Gwyn Thomas, Carmarthen Council's Engineer, has entered the battle of Llangyndeyrn – (Swansea) Corporation officials have said that the Upper Towy Scheme, supported by local authorities in Carmarthenshire, would cost £6,300,000 as compared with £4 million for the Gwendaeth Fach Valley project... But consultant engineers acting for the rural council had estimated that the cost of providing 25 million gallons of water a day from the Upper Towy would be cheaper than from the Gwendraeth Fach – according to consultants the capital cost to carry out the initial requirements of 25 million gallons from the Upper Towy would be £4,309,000 compared with £4,383,000 for the Gwendraeth Fach Scheme... approximate running and capital costs of 12 pence per 1000 gallons for Gwendraeth and 12.1 pence for Upper Towy.

Ymryson Cyfreithiol a Dedfryd

D AETH CYNULLIAD CRYF i gyfarfod y Pwyllgor Amddiffyn yn festri Bethel ar 25 Medi 1963. Cyfarfu'r is-bwyllgor y nos Sadwrn blaenorol, pryd galwyd ynghyd y ffermwyr y bygythid fwyaf arnynt, a phryd penderfynwyd gofyn am help cyfreithiol Dewi Griffiths, Caerfyrddin, ar gyfer yr eisteddiad yn Llys Ynadon Caerfyrddin. Gohiriwyd hwnnw tan 11 Hydref ar ei gais er mwyn iddo gael amser digonol i baratoi ei waith. Trafodwyd nifer o gwestiynau cyfreithiol yn y cyfarfod a chafwyd sawl eglurhad gan William Gealy, yr Ynad Heddwch. Dywedodd Islwyn Thomas na châi ef na William Gealy eistedd ar y Fainc, ond y rhoddai ef y gorau i'w waith fel Ynad Heddwch cyn codi bys i hwyluso bwriadau Abertawe. Cawsom adroddiadau gan y ddau gynrychiolydd o'r undebau amaethyddol, Meurig Voyle a Harry Lloyd, am y gwaith dyfal yr oeddynt wedi'i gyflawni y tu ôl i'r llenni, ac ar gais y Cadeirydd, cytunodd y ddau i ddwyn ein hachos i sylw'r Gweinidog Amaeth.

Cyn i'r pwyllgor orffen cyhuddais wŷr Abertawe o dwyll, wrth geisio camarwain y ffermwyr ynglŷn â maint eu cynllun, oherwydd yn rhestr yr atodlen yr oeddynt wedi helaethu'n sylweddol ar y nifer o gaeau i'w harchwilio ar ffermydd Glanyrynys a Limestone, a dwyn i mewn dir amaeth y Wern yn ogystal. Pe deuai dŵr y llyn i fyny at glos ffermydd, yna byddai angen cau'r ffermdai eu hunain, oblegid byddai'n ofynnol i greu llain helaeth o 70 llathen ychwanegol o dir, y tu hwnt i ymyl y dŵr, o amgylch y llyn cyfan.

Er mwyn i drigolion yr ardal gael gwybod am waith

diweddar y Pwyllgor Amddiffyn, cynhaliwyd cyfarfod cyhoeddus yn y neuadd ar nos Fawrth, 8 Hydref. Rhoddodd y Cadeirydd fraslun o hanes ein brwydr a'r modd y cadwyd Abertawe allan hyd yma. Credai y byddem yn ennill y frwydr ond i ni ddal yn unol. Yn naturiol, roedd pryder ymhlith nifer yn y cwmni, a pherygl iddynt wyro efallai. Er mwyn profi'r unoliaeth, gofynnodd y Cadeirydd a oedd pawb yn unfarn yn eu gwrthwynebiad. Fel rhan o'r dacteg a gynlluniais, dywedais, cyn i neb arall gael cyfle i siarad, fy mod yn amau'r priodoldeb o ofyn y cwestiwn, gan fy mod yn credu bod ysbryd unol yn y cwm, ac na fyddai neb yn troi ei gefn arnom ac actio'r bradwr. Cyfeiriais at ddyddiau fy mhlentyndod yn Aberdâr, a'r cof oedd gennyf am y streiciau mynych ymhlith y glowyr yn eu hymdrech i gael cyflogau teg, am eu bod yn byw ar arian mor bitw. Byddai ambell golier gwasaidd yn ceisio ffafr y meistri er mwyn hunan-les. Wedi bradychu ei gydweithwyr byddai'n rhaid cael yr heddlu i'w hebrwng yn ôl a blaen o'i gartref i'r lofa er mwyn ei ddiogelu. Byddai'n ysgymun yng ngolwg pawb. Weithiau fe dorrid ffenestri tŷ'r bradwr, rhwbio pyg ar y drws a'r waliau, a'i alw'n *blackleg*. Aeth llawer colier i'w fedd â'r stigma yna ar ei gymeriad. Dywedais fy mod yn credu na fyddai'r un *blackleg* yn Llangyndeyrn.

Pan welwyd nad oedd neb arall am siarad, gwnaeth y Cadeirydd gynnig, a dderbyniwyd yn unfrydol, ein bod yn trefnu gorymdaith ar hyd strydoedd Caerfyrddin ar ddydd y gwrandawiad yn y Llys Ynadon. Y farced fyddai'r man cychwyn, yna cerdded ar hyd Heol Mansel, allan i Heol Awst, a draw ar hyd y briffordd i'r Llys; ar ôl y gwrandawiad cerdded drwy Heol y Brenin a Little Water Street, ac yn ôl i'r farced.

Nid oedd y Prif Gwnstabl, Ronald Jones, yn ei swyddfa pan gyrhaeddais Gaerfyrddin fore trannoeth i geisio hawl ganddo i orymdeithio, a chynghorwyd fi i alw'n ôl ymhen awr, ac i wneud y cais yn un ysgrifenedig. Pan ddychwelais daeth uchel swyddog ataf â phapur yn ei law yn rhoi'r caniatâd inni. Euthum ar fy union i swyddfeydd y *Carmarthen Journal* a'r *Carmarthen Times* i'w hysbysu am ein gorymdaith. Gofynnodd

y *Times* imi gasglu ychydig o bobl Llangyndeyrn at ei gilydd ar
sgwâr y pentref fore trannoeth er mwyn i'w ffotograffydd gael
llun i'r papur ar ddydd yr orymdaith.

Roedd y baneri a wnaethpwyd ar gyfer yr orymdaith yn
Llangyndeyrn ddiwrnod y Gwrandawiad Lleol, ddeufis ynghynt,
wedi'u cadw'n ddiogel, ac fe ddaethant yn ddefnyddiol unwaith
eto. Fe'u casglwyd o'r neuadd er mwyn i David Smith, Bragdy,
eu rhoi yn y bws a drefnodd i gario pentrefwyr Llangyndeyrn
i Gaerfyrddin fore'r gwrandawiad yn y Llys Ynadon. Cariodd
William Thomas fi yn ei gar i'r dre yn gynnar y bore hwnnw er
mwyn cael gair gyda'n cyfreithiwr, Dewi Griffiths, a fyddai'n
amddiffyn y ffermwyr. Erbyn i ni gyrraedd y farced, synnais
i weld torf dda wedi dod ynghyd. Ar ôl ychydig o rwystr gan
wŷr y wasg, oherwydd eu hawydd i'n holi, fe gychwynnodd
yr orymdaith yn fintai gref. Roedd dau heddwas yn arwain a
thri marsial, Elwyn Jones, Tom Thomas, Coedwalter a'r cyn-
heddwas Tom Davies, yn ein cadw mewn trefn. Wrth gerdded ar
hyd heolydd Caerfyrddin safai llu o bobl yn edrych arnom gyda
difrifoldeb. Ni welais un yn edrych yn sarrug na chellweirus
arnom, a gwyddwn fod ganddynt gydymdeimlad dwfn â ni.
Pan gyrhaeddodd yr orymdaith y sgwâr ger y neuadd, synnwyd
ni wrth weld cannoedd wedi ymgasglu yno.

Siomwyd nifer fawr o'n plith pan glywsom mai dim ond
11 o wrandawyr a allai fynd i mewn i'r llys, gan mai mewn
ystafell fechan y cynhelid yr achos. Tybed a oedd swyddogion y
llys yn ofni grym y dyrfa? Ond nid oedd dim i'w ofni, oherwydd
dywedwyd droeon y byddem yn brwydro'n ddi-drais.

Dechreuodd yr achos am 11 o'r gloch. Y tri ynad oedd
Gomer Evans, W. H. Phillips a Mrs Rhiannon Evans. Wrth
agor, dywedodd J. K. Barrett, y cyfreithiwr ar ran Corfforaeth
Abertawe, bod hawl gyfreithiol wedi'i derbyn gan y Gweinidog
Tai a Llywodraeth Leol i roi mynediad i diroedd yn Llangyndeyrn
i'w harchwilio, ond bod y ffermwyr, perchnogion y tiroedd, wedi
gwrthod iddynt wneud hynny, a bod cryfder eu gwrthwynebiad
yn dangos yn eglur y byddent yn parhau â'u gwrthwynebiad.
Dangosodd Richard Lillicrap y llythyr a dderbyniodd gan y

Ni welais un wyneb dirmygus wrth imi arwain yr orymdaith ar hyd strydoedd Caerfyrddin yng nghwmni William Thomas (canol) a'r Parch Alun Williams

(Llun: *Carmarthen Journal*)

Bu gwragedd Llangyndeyrn yn gefnogol iawn yn yr ymgyrch

(Llun: *Carmarthen Journal*)

Gweinidog Tai a Llywodraeth Leol yn rhoi caniatâd iddo gael mynediad i diroedd wyth fferm ac un tŷ, ac ategodd nifer o beirianwyr a syrfewyr o Abertawe y byddai'n rhaid iddynt gael mynediad er mwyn iddynt allu dechrau ar eu gwaith.

Cododd Dewi Griffiths ar ei draed a dweud nad oedd y diffynyddion yn ymddiheuro o gwbl am iddynt ddefnyddio pob cyfrwng posib i rwystro swyddogion Abertawe yn eu gweithred ffôl. Roeddynt yn cyfri y byddai boddi cwm Gwendraeth Fach yn weithred wastraffus, ddianghenraid a chreulon. Nid gweithredu fel penboethiaid ar fater gwleidyddol a wnaethant, ond ymladd fel perchnogion a thenantiaid cyfrifol, a'r cyfan a ofynnent oedd yr hawl i barhau â'u gwaith yn ddirwystr. Nid oeddent yn ymladd am eu bywyd, ond roeddent yn ymladd am eu bywoliaeth. Cafwyd hawl gan y Gweinidog i fynd i mewn i'w tiroedd, ond roedd yn ofynnol i brofi rheswm digonol i wneud hynny. Dywedodd Dewi Griffiths, wrth orffen, na phrofwyd hynny i'r Fainc.

Siom fawr i mi, a'r gweddill o aelodau'r Pwyllgor Amddiffyn, rwy'n siŵr, oedd clywed un o'm cyd-bentrefwyr, ac yntau hefyd yn aelod o'r pwyllgor, yn dweud ei fod yn llwyr yn erbyn yr egwyddor yng nghais Abertawe, ond os rhoddid gwarant iddynt gan y Fainc i gael mynediad i'r tir, yna, gydag anfodlonrwydd, y byddai'n rhaid iddo ganiatáu hynny.

Enciliodd yr ynadon. Yn eu habsenoldeb roedd gobaith a phryder yn gymysg yn ein plith. Ond sut gallai'r Fainc feiddio dedfrydu yn ein herbyn, a hwythau wedi'u magu yn y sir, ac yn gyfarwydd â'r ffermwyr? Dychwelodd y Fainc ar ôl tuag ugain munud. (Un peth sy'n atgas gennyf, gyda llaw, yw'r arfer gwasaidd o godi ar ein traed mewn llys pan fydd ynadon yn dod i mewn ac allan.) Ta beth, rhoddwyd y ddedfryd dyngedfennol gan gadeirydd y llys, Gomer Evans, Carwe. Dywedodd bod y Fainc wedi ystyried y cais yn ofalus, ac er bod ganddynt gydymdeimlad â'r rhai oedd yno, daethant i'r penderfyniad bod y ffeithiau angenrheidiol wedi'u profi, a bod y warant y gofynnwyd amdani yn cael ei rhoi.

Dedfrydwyd o blaid Abertawe! Syfrdanwyd ni oll. Dywedodd

rhywun wrthyf ei fod wedi gweld wyneb un ffermwr yn gwelwi wrth iddo glywed y ddedfryd, a bod Harry Williams yn edrych, gyda difrifoldeb mawr, fel petai wedi'i ddedfrydu i'r gosb eithaf. Teimlais i yn bersonol bod yr ynadon wedi ymddwyn fel pe baent wedi dedfrydu eu mam i farwolaeth, mam a roes enedigaeth a magwraeth iddynt. Aethom allan o'r llys yn ddigalon iawn, iawn. Yno, yn aros amdanaf, roedd David Allen, gohebydd teledu'r BBC. Holodd fi am hanes y bore. Rhwystrwyd fi, felly, rhag ymuno â'r orymdaith wrth iddi ddechrau ar ei thaith yn ôl i'r farced, ond llwyddais i'w dal yn Heol y Brenin. Cyn i'r gorymdeithwyr ymadael, roeddwn yn synhwyro bod y cwmni yn disgwyl rhywun i'w hannerch, a gwnaethpwyd hynny gan William Thomas, y Parch. Victor Thomas a minnau. Wedi hynny nid oedd dim i'w wneud ond dychwelyd adref ac aros am ddyfodiad gwŷr Abertawe a'u peiriannau.

Sylw'r Wasg
a'r Cyfryngau

YR OEDDWN WEDI dweud wrth y wasg cyn hyn bod gennym gynlluniau cudd wrth gefn i atal Abertawe pe digwyddent lwyddo yn y llys. Yn ystod y gwrandawiad, eisteddai nifer o newyddiadurwyr wrth fy ymyl, a phan aeth yr ynadon allan o'r ystafell i drafod yr achos, dywedais wrthynt beth oedd un o'r cynlluniau hynny, sef trefnu i rywun i ganu cloch eglwys Llangyndeyrn i alw'r pentrefwyr ynghyd pan fyddai'r peirianwyr ar eu ffordd i mewn. Roedd yn fwriad gennyf i'w hysbysu o hyn ar awr bwysig. Os do! Bu'r sibrydyn bach hwnnw'n gyfrwng i ni gael cyhoeddusrwydd mawr yn y wasg drannoeth: BELLS WILL TOLL FOR SURVEY INVASION; WHY FARMERS WATCH AND LISTEN FOR THE SOUND OF A BELL; AN ANGRY VILLAGE WAITS FOR CHURCH BELL SIGNAL; BELLS WILL ALERT THE SURVEY FIGHTERS oedd rhai o'r penawdau bras. Gofynnodd ffotograffwyr y wasg droeon i'r clochydd Jack Smith i fynd draw i'r eglwys i ffugio canu'r gloch er mwyn iddynt gael lluniau trawiadol yn y papurau.

Y Parch. Jacob Davies, gyda'r ffotograffydd Ron Davies, ar ddudalen flaen *Y Cymro*, a gafodd y pennawd hwyaf i'r stori: ER ARBED LLANGYNDEYRN RHAG BODDI, MAE ARFAU CUDD YN Y CWM A CHLOCH Y LLAN I RYBUDDIO. Meddai'r adroddiad:

> Mae ardal Llangyndeyrn wedi ei chloi yn erbyn y rhai sy'n bygwth ei daear a boddi ei ffermydd. Ni welwyd clo erioed o'r blaen ar glwydi cyfeillgar a chymdogol y fro ar lwybrau a fu'n ffordd tramwy rhwng tyddyn a thyddyn, a heddiw y mae'r cyfan wedi

ei gadwyno a'i sicrhau. Clo cadarn bob ochr i'r gatiau a thractor anferth yn rhoi dwbl sicrwydd na fydd mynedfa i beirianwyr Abertawe, sydd wedi cael gwarant i archwilio'r tir y bwriedir ei wneud yn sail i argae anferth i gronni dŵr. Mae pawb yn llygadu drwy'r ffenestri a thu ôl i'r llenni i sbïo hynt y ceir a ddigwydd aros ar y sgwâr. Canys ni ŵyr neb pa awr y disgyn y gelyn...

Roedd Ron Davies yn awyddus i gael llun trawiadol i'r stori, a threfnais i ni fynd lan at un o gatiau Glanyrynys. Yn y llun a dynnodd roedd Dewi Thomas i'w weld yn cloi'r gât, gyda'i fab bach, David, ei dad William, a minnau yn edrych arno. Y tu ôl i'r gât roedd grawn lwythwr (*elevator*) anferth yn 'sicrwydd dwbl' na châi neb fynd heibio iddo.

Roedd llythyrau yn ymddangos yn y wasg hefyd gan unigolion a'n hanogai i barhau'r frwydr. Cyhoeddodd y *Western Mail* y llythyr canlynol gan Saunders Lewis:

I write to beg support for the farming community of the Gwendraeth Fach valley of Carmarthenshire in their opposition to the proposal to submerge their farmlands and transform the valley into a reservoir.

This is a more objectionable proposal than the Clywedog Valley scheme of Birmingham Corporation. It threatens to destroy a Welsh-speaking community in an important rural area where there is good agricultural land and an active Welsh society.

Today every Welsh-speaking community is a vital asset in the national life of Wales; it is as wrong-headed and as ruthless and unjust for the Corporation of Swansea to disrupt and dispossess a Welsh rural society as it is for the Corporation of Liverpool. Industrial demand for fresh water must cease to devour good agricultural land or, before long, there will be no Welsh rural life left.

Moreover it is now unnecessary. Industry in South Wales has the sea at its service. An improved technique for producing fresh water from salt water has been developed and recently exhibited at Milan at the first International Exhibition of Chemistry. The system is the most economical yet developed and is the work of Zimmer of Frankfurt, a company that is controlled by the great English group of Vickers. A pilot plant now being completed at

the Zimmer factory will produce over 120,000 cubic feet of fresh
water a day at a cost of a little over1/2d. per cubic foot, which is
comparable with the cost of producing normal drinking water in
many advanced countries.

It is time we called a check to the menace of industrial
depredation in the Welsh countryside; the International Exhibition
of Chemistry shows the way.

Bu'r ddau bapur wythnosol lleol, *Carmarthen Times* a
Carmarthen Journal, yn hynod gefnogol a hael wrth groniclo
ein hanes. Er enghraifft, mewn erthygl olygyddol yn y *Times*
dywedwyd hyn am safiad ffermwyr Llangyndeyrn:

> Throughout the centuries there have been men and women who
> have suffered and died for what they believed to be right. Of such
> stuff martyrs are made, and they have their kin in the Gwendraeth
> Fach valley. Rather than have their land violated and drowned to
> make a reservoir, there are some farmers in the valley who are
> prepared to go to prison.
>
> Already they have flouted authority... The farmers are
> determined to stand firm and have made it known that they do
> not intend to comply with the law... They have said violence will
> not be used. Theirs will be a campaign of civil disobedience... The
> Gwendraeth farmers are solid and practical men, and acknowledge
> that there are cases where a term in gaol would bring utter
> destitution to a man or his family... They are not hot-heads who
> want to be martyrs for the sake of martyrdom... Their courage
> and determination must be admired; and it is not our intention to
> stand back and regard their fight from a distance.

Yn ystod y dyddiau nesaf bu galw mawr ar rai ohonom i gael
ein cyfweld gan newyddiadurwyr y wasg, y radio a'r teledu. Yr
oeddynt yn synhwyro, mae'n rhaid, bod storïau cyffrous i'w
hadrodd wrth i'r helynt ddwysáu. Derbyniais neges ar y ffôn
bod Teledu Cymru yn dod allan fore Llun, 14 Hydref. Trefnais
y byddai rhai ffermwyr wrth law i'w ffilmio, a dangosais i'r
criw teledu y mannau mwyaf manteisiol i gael lluniau da
ohonynt wrth y gatiau cloëdig a'r peiriannau fferm. Teledwyd y

cyfan y noson honno, ond, yn anffodus, welodd neb o drigolion Llangyndeyrn y rhaglen am nad oedd modd derbyn y sianel yn yr ardal.

Glaniodd uned ffilmiau o'r BBC yng Nghaerdydd yn y pentref yr un diwrnod, a chefais fy nghyfweld cyn iddynt ffilmio'r tractors a'r offer fferm eraill a osodwyd wrth gatiau'r caeau i rwystro unrhyw un i'w hagor. Ddydd Mawrth, yn dilyn cyfweliad a gefais gan Owen Edwards yn y rhaglen *Heddiw*, trefnwyd cyfweliadau pellach am helynt Llangyndeyrn gyda Gwynfor Evans a'r Fonesig Megan Lloyd George. Ddydd Mercher bu uned ffilmio o ITV gyda ni drwy'r bore, pryd holwyd Huw Williams, Arwyn Richards, Dewi Thomas, Tom Morgan a minnau. Teledwyd y cyfweliadau yn y rhaglen *In the News* y noson ddilynol. Dychwelais adref bron llwgu ar ôl bod gyda bechgyn ITV drwy'r bore. Yn y tŷ yn aros amdanaf roedd gohebydd *The Times* o Lundain. Bu'n holi llawer am ein safiad a threuliodd dipyn o amser wedyn yn ysgrifennu ei adroddiad yn ystafell ffrynt Bro Dawel.

Yn hwyr ar brynhawn Sadwrn, a'm gwraig wedi dweud pa mor dda oedd hi i gael un diwrnod o lonyddwch, gan fod neb wedi galw heibio inni, dyma gnoc ar y drws ffrynt ac yno roedd gohebydd a ffotograffydd o'r *Guardian* (Manceinion). Roeddent yn awyddus i gael llun i'w papur cyn iddi dywyllu gormod. I fyny â ni ar hast, felly, i Banteg, lle cawsant luniau a sgwrs gyda Huw Williams ar glos y fferm. Soniodd wrthynt mai ef oedd y bumed genhedlaeth o'i deulu i fyw yno (ac awgrymais yn gynnil bod yna arwydd o'r chweched genhedlaeth ar y ffordd!). Ymlaen â ni wedyn i weld y baricêd yng Nglanyrynys ac i'r Banc, cartref William Thomas. Cafodd newyddiadurwr y *Guardian* sgŵp pan soniodd y Cadeirydd bod ganddo gopi o adroddiad peirianwyr Herbert Lapworth Partners, a gyflogwyd gan Gyngor Gwledig Caerfyrddin, i ymchwilio i fannau mwy addas i adeiladu cronfa ddŵr, heb orfod difa tir amaethyddol da. Cawsom ninnau newydd hefyd. Roedd Mr Harper, gohebydd y *Guardian*, wedi bod gyda Lillicrap a dywedwyd wrtho fod Abertawe yn bwriadu dod allan yr wythnos ddilynol.

Roedd yn rhaid rhannu'r newydd hwn yn y gymdogaeth ar unwaith. Gan fod cyngerdd yn Ebeneser, Crwbin, y noson honno, euthum i fyny i ofyn i'r gweinidog, y Parch. G. Harries, am hysbysu'r gynulleidfa i fod yn barod, pan ddeuai'r alwad, i ddod lawr i Langyndeyrn i'n cynorthwyo. Ysgrifennais hefyd lythyrau i'w cyhoeddi yn ystod y Sul yn nau gapel Llangyndeyrn, Bethel a Salem, ac yn yr Eglwys yn ogystal.

O bryd i'w gilydd deuai sïon cryf i'n hardal am y dydd a'r awr y byddai'r peirianwyr yn cyrraedd, ond nid oedd y Pwyllgor Amddiffyn yn rhoi gormod o bwys arnynt. Roedd gennym ni ffynhonnell ddibynadwy iawn, sef ysbïwr yng ngwersyll y gelyn yn Abertawe, person na ddadlennwyd ei enw drwy flynyddoedd y gwrthdaro.

Ym Merw'r Frwydr

YN GYNNAR FORE Llun, 21 Hydref, clywais gnoc ar ddrws
ffrynt Bro Dawel. Frank Bevan o gwmni TWW oedd yno
â'i neges yn cadarnhau bod cerbydau'r peirianwyr ar y ffordd.
Rhedais ar draws y sgwâr i'r ciosg i ffonio'r BBC a nifer o
fechgyn y wasg a ofynnodd i mi roi gwybod iddynt am ddyfodiad
mintai Abertawe. Methais deirgwaith â chael gafael ar William
Thomas ar y ffôn, ond cytunodd Arwyn Richards i fynd lan yn
ei *pick-up* i'w gartref i roi'r neges iddo. Ymhen ychydig funudau
yr oedd pob ffermwr a oedd yn berchen teleffon wedi derbyn y
newyddion. Yna dechreuodd y pentrefwyr a'r ffermwyr, gwŷr y
wasg a'r cyfryngau, ymgasglu nes llanw'r sgwâr.

Profiad rhyfedd iawn a feddiannodd bobl Llangyndeyrn y
bore hwnnw wrth iddynt aros i'r gelynion i oresgyn y cwm, a
cheisio'u gwasgu dan eu sodlau. Ond roedd hi'n hawdd gweld
fod pawb, yr hen a'r ifanc, yn hollol benderfynol i wneud eu
gorau glas i'w rhwystro. Gofidiai rhai ohonom, serch hynny,
rhag i unrhyw ddiffyg ddryllio'n trefniadau.

Aeth y sibrwd ar led y byddai'r cerbydau'n cyrraedd, nid
am hanner dydd, fel y disgwyliem, ond am un o'r gloch. Roedd
pawb ar bigau'r drain. Am na wyddem o ba gyfeiriad y byddai'r
confoi'n dod, gyrrai ein sgowt, Aldred Thomas, Capel, yn ôl a
blaen ar wahanol hewlydd ar ei fotobeic. Credais mai dyma'r
amser addas i ddweud ychydig o eiriau wrth y dyrfa a oedd
wedi ymgasglu'n ddisgwylgar ar y sgwâr:

> Mae awr dyngedfennol wedi dod i'n hanes. Y mae galw ar bob
> un ohonom i ddal yn gadarn. Peidiwch ag ofni. Beth bynnag a
> wnewch, arbedwch rhag defnyddio grym. Rydyn ni wedi mynnu
> hynny ar hyd yr amser. Nid ydym am golli cydymdeimlad neb.

Ond, er hynny, gwnewch bopeth yn eich gallu i rwystro'r gelyn i fynd i mewn i'n tir. Os gwnawn hynny, fe enillwn y dydd. Bydd y fuddugoliaeth yn eiddo i ni. Cofiwch, fe fydd cenedlaethau eto i ddod yn eich canmol am arbed y cwm, ac am ei ddiogelu yn dreftadaeth am byth.

Daeth y newydd mai am un o'r gloch y byddai'r confoi'n cyrraedd, a'u bod yn aros ryw ddwy filltir y tu allan i'r pentref ar yr hewl o Gaerfyrddin. Aeth yn ddau o'r gloch. Yna rhuodd Aldred i mewn i'r sgwâr unwaith eto a dweud bod y cerbydau wedi ailddechrau ar eu taith ac roeddent lai na milltir i ffwrdd.

Rhoddais arwydd ar unwaith i Jack Smith i ganu cloch yr eglwys. Rhedodd draw at y clochdy, gyda ffotograffwyr y wasg yn ei ddilyn. Yna, am ysbaid, taenodd rhyw dawelwch llethol dros y sgwâr – pawb yn ddistaw, yn aros, aros am gnul cloch y llan. Gyda hynny, torrodd ei sŵn lleddf ar yr awelon. Bu'r hen gloch yn galw pobl ynghyd i addoli ar hyd y canrifoedd, a chlywsom ninnau hi filwaith, ond ni alwodd hi erioed o'r blaen fel y gwnaeth y prynhawn hwn – galw ar ffyddloniaid y pentref i ddod i amddiffyn y fro a oedd yn gysegredig iddynt. Ni all neb a oedd yno anghofio'r llesmair a'n meddiannodd.

Mewn ychydig funudau, daeth sŵn y fodurgad i'n clyw. Gwelsom Land Rovers, moduron a lori fawr yn cyrraedd, a phlismon Llangyndeyrn, P. C. Lewis, un o'm haelodau yng nghapel Bethel, yn eu blaenori. Gadawyd iddynt fynd heibio i'r sgwâr, a dechreuodd y dyrfa eu dilyn. Rhedais innau o'u blaen, nes cyrraedd Heol Dŵr. Synnais pa mor araf oedd pawb y tu ôl i mi. Rhaid gofalu am y diffyg hwn y tro nesaf, meddyliais. Safai car ar sgwâr Heol Dŵr, a gofynnais i'r gyrrwr, a ddaethai yno o gyfeiriad Pontyberem, a fyddai'n barod i'm cario lan i Lanyrynys. Pan gyrhaeddais y gât sy'n arwain i lawr i'r fferm gwelais fod Dewi Thomas wedi cyrraedd o flaen y confoi. (Clywais wedyn iddo gyrraedd ar fotobeic ar ôl iddo fethu dod o hyd i allweddi ei gar. Ond pan aeth yn ôl i'r car y noson honno, gwelodd eu bod wedi bod yno ar hyd yr amser!)

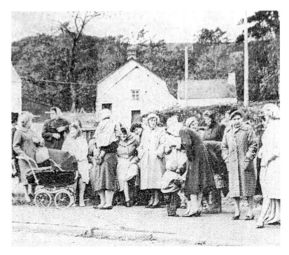

Gwragedd a phlant yn aros yn amyneddgar am ddyfodiad confoi Corfforaeth Abertawe

Y confoi'n cyrraedd sgwâr y pentref

Prysuro i ddilyn y goresgynwyr

(Lluniau: *Carmarthen Journal*)

Safai Dewi yno fel twr cadarn, ac wrth ei ochor, yn gofalu na châi unrhyw gam, roedd Aldred Thomas. A fu golwg mwy penderfynol ar wyneb unrhyw ddyn erioed o'r blaen? Pan ddaeth Richard Lillicrap a thuag ugain o'i ddynion at y gât, nid oedd am roi gormod o lonydd i hwnnw, chwaith, wrth iddo baratoi i gyflwyno gwarant ynadon Caerfyrddin i Dewi.

Erbyn hyn roedd tyrfa o'n cefnogwyr, gwŷr y wasg a'r cyfryngau, tua dwsin o blismyn, gan gynnwys gwŷr CID, ceir a'r lori fawr wedi cyrraedd y llain wrth gât y fferm. Dringais drosti at Dewi, Aldred ac un neu ddau o ffermwyr a oedd y tu ôl iddi. Â'r warant yn ei law, gofynnodd Lillicrap i Dewi a oedd am ddatgloi'r cloeon, rhyddhau'r gadwyn, a gadael i'w ddynion fynd trwodd. 'Na!' oedd yr ateb pendant. Trodd Lillicrap at ei ddynion a dywedodd, 'We shall have to move them.' Roedd y ddaear ogylch y gât yn fwdlyd iawn, a baeddid ein dillad petai rhaid inni orwedd lawr i atal y peirianwyr rhag cael mynediad – hynny yw, pe llwyddid i'w hagor. Cariwyd, felly, lwyth o wellt o fferm Glanyrynys a'i wasgaru ar lawr tu ôl i'r gât. Ond credodd rhai newyddiadurwyr bod cynllun treisgar ar droed. (Yn ei adroddiad i'r *Herald of Wales* dywedodd Brian Radford:

Police sent for reinforcements, and soon five other officers were on the scene. But the farmers were unperturbed. More tractors were driven up, and one man collected a huge pile of straw which he threatened to burn to stop officials from getting through.)

Yna, daeth tri o'r plismyn hŷn ymlaen i siarad â J. K. Barrett, cyfreithiwr Corfforaeth Abertawe, a Richard Lillicrap. Ar ôl hynny ni wnaethant unrhyw ymdrech i fynd trwodd i hewl fferm Glanyrynys.

Sylwodd y rhai a oedd ar flaen y gad bod nifer y cwmni o Abertawe wedi lleihau yn sydyn wrth Glanyrynys, ond gwelsom eu cyfrwystra pan waeddodd rhywun bod eu gweithwyr yn gwneud eu gorau i fynd i mewn trwy fwlch islaw. Rhedais nerth fy nhraed i lawr at y gât nesaf a arweiniai i gae, a gwelais William Thomas yno, ar ei ben ei hun, tra roedd gweithwyr o

Dewi Thomas (canol) a Hywel Jones, Tŷ'r Bocs, y tu ôl i gât Glanyrynys, gyda William Thomas yn gweld y gelyn yn cyrraedd

Yr heddlu a'r confoi y tu allan i gât gadwynog Glanyrynys a ninnau eto heb gyrraedd

Roedd y gwaed yn berwi, ond ni fu trais yn y frwydr hon

(Lluniau: *Carmarthen Journal*)

Yn y wasgfa roedd William Thomas rhyngof a swyddogion Abertawe wrth gât Glanyrynys

Swyddogion Abertawe yn ymgynghori â'r heddlu

Manteisiais ar y cyfle i siarad â'r Uwch-arolygydd E. T. Glynne Jones, a fu'n gwnstabl ym Mhontyberem (Lluniau: *Carmarthen Journal*)

Gweithwyr Abertawe yn ei chael hi'n anodd i lifio'r gadwyn. Roedd hi'n anos gwneud hynny am fod ffermwyr y tu arall i'r gât yn cicio llafn y llif o'r rhigol!

Swyddogion siomedig Abertawe yn gadael ar ôl bygwth dychwelyd
(Lluniau: *Carmarthen Journal*)

Soil Mechanics Ltd., Chelsea, yn llifio'r gadwyn a ddaliai'r gât ar gau. Wrth nesu ato daeth hen gân, a ddysgais pan oeddwn yn blentyn, i'm meddwl, 'Hold the fort, for I am coming'. (Rhyfedd sut mae meddwl rhywun yn crwydro – hyd yn oed mewn argyfwng!) Roedd hen *elevator* mawr, trwm wedi'i osod y tu mewn i'r gât, i arbed iddi agor pe llwyddid i ryddhau'r gadwyn. Ymhen ychydig, cyrhaeddodd nifer o ffermwyr y cae a chodwyd y llwythwr grawn, tynnwyd ei olwynion i ffwrdd, a'i ollwng yn rhwystr diymadferth yn y mwd. Llwyddodd y gweithwyr i lifio'r gadwyn, ac roedd y gât nawr yn gilagored. Safasom wrth ein stondin yn gadarn, ond gwnaeth un dyn, Mackellar, ei orau i geisio mynd heibio i mi drwy'r bwlch rhwng y gât a'r postyn. Dywedais wrtho, 'You're not going to pass however hard you try.' Hwn oedd y dyn a ddaeth i'm cartref gyda 'Jones Bach y Dŵr', y tirfesurydd, rai misoedd ynghynt, a chael te a theisen gan fy ngwraig. Edrychai'n fileinig arnaf wrth y gât, ond dywedais wrtho, 'If you call again at my home, I'll offer you another cup of tea.' Dofodd y geiriau hyn y gŵr, a bu fel oen wedi hynny. Ni wnaeth unrhyw ymgais arall i fynd heibio i mi.

Ymhen tipyn gwelais wŷr Abertawe a'r heddlu yn siarad gyda'i gilydd. Yn eu plith roedd Ditectif Arolygydd J. E. V. Fisher, a'r Uwch-arolygydd E. T. Glynne Jones, a fu'n gwnstabl ym Mhontyberem (roedd ei briod yn aelod gennyf yn y Tabernacl). Tybed ai cofio'r hen adnabyddiaeth ohonof a wnaeth pan ddywedodd wrth wŷr Abertawe, 'You'd better go back now.' Trodd Lillicrap atom a dweud, 'We are going now, but we will be back.' Gyda'r bygythiad hwnnw, gwelsom fintai Abertawe yn dychwelyd ar hyd yr un heol ag y daethant i mewn i'n pentref.

Rhag ofn bod y goresgynwyr aflwyddiannus yn ymguddio rhywle yn y cyffiniau er mwyn taro arnom eto'n sydyn, dilynodd William Thomas a minnau'r confoi yn ei gar am rai milltiroedd. Ar lain wrth ymyl y ffordd gwelsom ddwy lori enfawr arall wedi'u parcio. Gyrrwyd y rhain i lawr o Chelsea, ac roeddent wedi'u llwytho â phlanciau hir a thrwchus, peiriannau turio a chraen. Yno roedd Lillicrap yn sgwrsio'n ddifrifol â nifer o ddynion o'i gwmpas. Dychwelodd y ddau ohonom i Langyndeyrn gan feddwl yn sicr nad oeddent am ddychwelyd y dydd hwnnw, o leiaf. Aethom yn ôl i'r man lle bu'r frwydr. Roedd yr holl gynnwrf wedi darfod yno, pawb wedi ymadael, a rhyw dawelwch rhyfedd wedi dod dros y lle. Ond wrth fynd adref gwyddai'r Cadeirydd a minnau y byddai'n rhaid inni fod ar ein gwyliadwriaeth ddydd a nos o hyn ymlaen.

Un hanesyn a barodd lawer o hwyl inni, ac fe'i cofnodwyd yn y papurau, oedd hwnnw am y dynion a yrrodd y lorïau i lawr o Lundain. Roeddent wedi holi, os gwelwch chi fod yn dda, a oedd posib iddynt gael gwely a brecwast rhywle yn Llangyndeyrn!

Gwylio a disgwyl. Dyna fu hanes sawl un ohonom gydol nos Lun. Gan na wyddem i ble roedd y lorïau wedi mynd, ofnem y byddent yn gyrru i mewn eto wedi iddi nosi. Ond ddigwyddodd ddim byd. Rhoddais y gorau i weithio yn y stydi yng nghefn y tŷ, a symudais y ford o flaen ffenestr yr ystafell ffrynt, lle gallwn weld pob mynd a dod ar sgwâr y pentre. Yn ystod Dydd Mawrth daeth nifer o'r pentrefwyr i'r sgwâr i wylio, a disgwyl goresgyniad arall, ac yn eu plith, sawl newyddiadurwr. Yna, ganol y bore clywyd cloch yr eglwys yn canu unwaith eto. Y tro hwn nid ein galw i'r gad a wnaeth hi, ond cyfarch dau oedd newydd briodi, sef Rachel Mary Jones o Langyndeyrn a Robert Thomas o Gynwil Elfed.

Trannoeth y frwydr canwyd cloch yr eglwys unwaith eto – ar achlysur hapus y tro hwnnw

(Llun: *Carmarthen Journal*)

Ni welwyd copa walltog o Abertawe. Tra oeddem yn sgwrsio ar y sgwâr daeth neges i mi fynd draw i fferm gyfagos y Llandre. Roedd rhywun am siarad â mi ar y ffôn. Nid oedd gennyf deleffon ym Mro Dawel, ond roedd ciosg yn gyfleus ger y tŷ os oeddwn am anfon neges. Ond er mwyn i mi allu derbyn neges yn ystod yr amser prysur hwn, bu Arwyn a Morina Richards, Llandre, mor garedig â'm hysbysu yn ddirwgnach bob tro y byddai rhywun am siarad â mi. Clywais lais main ar ben arall y ffôn, ac adnabyddais ef ar unwaith – llais a glywais flynyddoedd yn ôl mewn cyfres o ddarlithiau a roddodd ym Mhontyberem. Roedd Saunders Lewis wedi gweld y sylw a gafodd ein safiad mewn adroddiad ar dudalen flaen y *Western Mail* y bore hwnnw. 'Dyna'r newydd mwyaf calonogol sydd wedi digwydd yng Nghymru yn ystod y ganrif hon,' meddai wrthyf. 'Gobeithio na fyddwch yn cyfaddawdu. Byddaf yn anfon siec i chi ymhen ychydig ddyddiau.' Dywedais wrtho nad oeddem am ildio'r un fodfedd, a bod ei lythyr yn y *Western Mail* wedi'n calonogi'n fawr iawn.

Teledu Rhaglen *Tonight* a Straeon y Wasg

Clywais hefyd yn ystod Dydd Mawrth bod y BBC yn Llundain yn bwriadu anfon uned ffilmiau'r rhaglen *Tonight* atom ymhen deuddydd. Hon oedd un o brif raglenni nosweithiol y gorfforaeth, a byddai'n rhoi cyhoeddusrwydd gwerthfawr i'n brwydr dros Brydain gyfan. Cyrhaeddodd y cyfarwyddwr, Frank Dale, Fro Dawel drannoeth gogyfer â'r gwaith. Bu'n sgwrsio â mi yn hir ynglŷn â'n brwydr, ac yn sydyn, gofynnodd a fyddwn yn barod i drafod ein safiad wyneb yn wyneb â Richard Lillicrap yn y rhaglen. Ni fyddai dim yn rhoi mwy o bleser i mi, meddwn wrtho, ond credwn na fyddai ef yn barod i'm cyfarfod. 'I will do my best to dig him out,' meddai. Dywedodd Frank Dale wrthyf yn ddiweddarach ei fod wedi siarad â gŵr y dŵr o Abertawe, ac iddo wrthod yn llwyr â derbyn y gwahoddiad.

Yn y cyfamser rhaid oedd casglu at ei gilydd gynifer ag oedd yn bosib o'r ffermwyr a'r pentrefwyr er mwyn ail-actio drama'r ymosodiad ar gyfer *Tonight*. Er clod iddynt, daethant yn dyrfa luosog, a buont yn ffyddlon wrth aros ogylch tan i'r recordiad orffen. Buwyd wrthi drwy Ddydd Iau, Dydd Gwener a bore Sadwrn, a defnyddiwyd Bro Dawel fel canolfan i'r saith aelod o'r criw teledu. Trefnodd fy ngwraig goffi iddynt yn y boreau a chynorthwywyd hi gan Mrs Williams, y ficerdy, wrth baratoi cinio iddynt yn ystafell gefn y neuadd yn ystod y tridiau.

Daeth ton o dristwch dros y cwmni pan gawsant y newyddion brawychus bod Owen Davies, mab Aneirin Talfan Davies, wedi'i ladd mewn damwain yn yr Alban tra roedd yn gweithio i'r BBC. Mae'n amlwg y perchid ef yn fawr gan ei gyd-weithwyr, a'u bod yn teimlo'r golled yn drwm.

Teledwyd y rhaglen *Tonight* y nos Fawrth dilynol, a derbyniais lythyr gan Frank Dale yn diolch am ein trefniadau:

> Many thanks for your kindness and hospitality which made our stay in South Wales so enjoyable. I hope that the upheaval we caused was worthwhile. Our thanks are due particularly to Mrs Rees for the trouble she took to make us feel at home and for the excellent lunch she provided. Please also convey our thanks to Mrs Williams [y ficerdy], Mrs Richards [Llandre], and Mr Thomas [y Cadeirydd], and, indeed, to the village as a whole.

Llangyndeyrn oedd stori fawr y dydd yn y wasg yn dilyn y frwydr brynhawn Dydd Llun, ac ymddangosodd penawdau bras ym mhapurau Cymru a Llundain. Dyma flas o'r sylw: THE BATTLE OF LLANGYNDEYRN, Farmers win clash with reservoir survey team, Church bell gives alarm (tudalen flaen y *Western Mail*); SURVEY TEAM HELD OFF BY 'ARMY' (*Daily Telegraph*); CLOCH YN DEFFRO'R CWM, Tawelwch wedi'r frwydr gyntaf (*Y Cymro*); Round 1 to flood-threat farmers, VILLAGERS READY FOR NEXT 'INVASION' (*South Wales Evening Post*); BESIEGED VILLAGE REPELS CONVOY (*Daily Express*); REBEL VILLAGE STAYS ON GUARD (*Daily Herald*); A VILLAGE BESIEGED, The £10 million battle for Llangyndeyrn (stori flaen y *Carmarthen Times*); SLEEPY VILLAGE WAKES FOR A ROUSING BATTLE (*Herald of*

Wales); AND THEY DID NOT PASS, Battle of the Gwendraeth Fach (stori flaen y *Carmarthen Journal*); VILLAGERS HALT DAM SURVEY (*The Times*).

Cafwyd lluniau a disgrifiadau hir a lliwgar o'r digwyddiad yn y wasg. Meddai'r *Carmarthen Times:*

> First sign that the invasion was beginning came when a motorcycle scout, clad in faded blue overalls and a blue beret roared in.

Meddai'r *Herald of Wales*:

> Suddenly, through the cold autumn air, a large farmer on a frail-looking motorcycle spurted around one of the many corners and raised the alarm. Mr William Thomas, Chairman of the Defence Committee, scurried to and fro, puffing at a massive cigar, and ensuring that every outpost was manned. At the same time the Committee's 60 year-old Secretary, the Rev. W. M. Rees, gushing youthful energy, shepherded a large group of farmers on to the village green. In fluent Welsh he gave his final orders, 'Try everything possible to keep these men from doing their work', and within minutes they were just doing that.
>
> There was no hint of violence, but there was a suggestion of strength in the passive resistance offered that could not have been outdone by any weapons.

Disgrifiodd Jacob Davies helynt y dydd yn *Y Cymro:*

> Heddiw bûm yn sefyll gyda'r gwylwyr yn Llangyndeyrn yn disgwyl am 'laniad y gelyn'. Mae ysbryd y pentref a'r cylch ar ei uchaf wedi ennill y rownd gyntaf, a gweld peirianwyr ac archwilwyr Abertawe yn troi yn ôl heb allu mesur y tir o gwbl brynhawn dydd Llun... Daeth ffermwyr cylch eang i mewn i Langyndeyrn ddoe i sefyll yn yr adwy gyda'u cymrodyr yn y Cwm, ac y mae'r gloch yn barod i'w galw eto ynghyd, a'r gloch telffon a fydd yn rhybuddio'r fro ar amrant. Saif grŵp ar fryn ar lechwedd y rhiw tua Chrwbin. 'Fe fyddwn yma ddydd a nos os bydd angen,' meddai un wrthyf...
>
> Felly, dal i wylio a dal i fod yn barod mae gwŷr Llangyndeyrn. Mae hyd yn oed y plant wedi dysgu adnabod ceir â rhif sydd â

'gwynt Abertawe arnyn nhw'. Gwae'r neb sy'n dwyn y nod 'CY' neu 'WN', oherwydd y mae dan amheuaeth ar unwaith. Amheuir hefyd fod rhyw un bradwr yn y cylchoedd yn rhoi gwybodaeth am y sefyllfa leol i awdurdodau Abertawe, ond gwybydded fod llygad ardal arno... Bu Llangyndeyrn yn gyfarwydd â rhoi croeso, ond ofnaf mai croeso go frwd a fydd i wŷr y gwaith dŵr hyd oni elo'r helynt hwn heibio. O Gwmisfael hyd Allt-y-cadno ni fydd gorffwys hyd oni welir cynffon olaf y bygythwyr, ac ni waith pryd y dônt, ai yfory, ynteu fis nesaf, y maent yn sicr o gael derbyniad gwresog dros ben.

Galw'r Fyddin i'r Dyffryn?

Ond o holl adroddiadau'r papurau, yr un mwyaf dramatig a bygythiol oedd hwnnw a ymddangosodd wythnos yn ddiweddarach yn y *Western Mail*. Gosodwyd, ar draws holl golofnau'r dudalen flaen, y geiriau ARMY MAY MOVE ON VILLAGE: Force threat to reservoir fighters. Mewn cyfweliad â'r gohebydd dywedodd Richard Lillicrap, 'The warrant issued by the Carmarthen court states that we are authorised to enter the land by force. Life on both sides would be difficult if we had to force our way in and stay there as an encampment. But if they maintain their present outlook, this could be the case... We are hoping that we will be able to persuade them to see the light. Naturally, we don't want to use force. We would prefer to talk it over. It could become a military operation. If they have 250 men, then we must have 300. But we have not got to that stage yet.' Yn ôl yr adroddiad hefyd roedd bygythiad llawer mwy tebygol, ac un llawer mwy difrifol, sef y gallai Corfforaeth Abertawe ystyried gwneud cais i'r Uchel Lys. 'That is always possible when people refuse to obey the magistrate,' meddai Percy Morris, cadeirydd pwyllgor seneddol y gorfforaeth.

Gelwais y Pwyllgor Amddiffyn ynghyd y noson honno oherwydd y newydd syfrdanol hwn. Ymunodd dros hanner cant o bentrefwyr â ni hefyd. Eglurwyd iddynt yn fanwl beth a olygid pe gosodid mewn grym orchymyn yr Uchel Lys: byddai rhwystro gwaith y peirianwyr yn drosedd, a gellid carcharu unrhyw un a wnâi hynny, hyd oni chyfaddefai ei fod yn euog o'r drosedd. Dywedais wrthynt ar y dechrau na fyddwn i yn cyfri y buaswn yn troseddu wrth rwystro gwaith y peirianwyr. Ond, yn hytrach, haerwn mai gwŷr Abertawe fyddai'n torri'r gyfraith drwy geisio lladrata'n tiroedd. Ni chyffeswn i'r 'drosedd' pe gosodid fi mewn carchar. Credai'r Cynghorydd Tom Evans na fyddai un llys yn meiddio dedfrydu aelod o'r pwyllgor i garchar. Roedd bygythiad Abertawe, yn ôl Islwyn Thomas, wedi cryfhau ein penderfyniad, a bod geiriau di-sens Lillicrap wedi niweidio achos y gorfforaeth yn fawr. Cododd David Jones, clerc Cyngor Plwyf Llangyndeyrn, ar ei draed a dywedodd, 'Sefwch yn gadarn! Mae'r frwydr wedi'i hennill! Rydych chi'n haeddu *full marks*.' Roedd y pwyllgor yn gytûn o hyd.

Ond beth oedd barn y pentrefwyr? Rhoddwyd cyfle i bawb ymateb i'r cwestiwn a oeddynt, yn wyneb y sôn am fygythiad yr Uchel Lys, am barhau â'u gwrthsafiad. Golygfa syfrdanol, ac un fythgofiadwy i mi, oedd gweld pob llaw yn cael ei chodi i fyny.

Wedi'r arwydd solet hwn o unfrydedd y pentrefwyr ar fater difrifol iawn, ysgafnhawyd naws y cyfarfod pan adroddodd Jack Smith stori a achosodd dipyn o chwerthin. 'Ffoniodd hen foi o Dre-lech fi'r bore 'ma. Dwedodd taw saer o'dd e, ac ro'dd e'n gobeithio y bydden ni'n ennill y ffeit. A'th mlân i weud y licie fe gwrdd â'r Mr Rees 'na am dri o'r gloch ar ryw ddiwrnod arbennig yn nhafarn *Y Tanners* yng Nghaerfyrddin.' Gwelodd pawb hiwmor y stori, a gwyddent na fyddai ysgrifennydd Pwyllgor Dirwest Undeb Bedyddwyr Cymru yn debygol o'i gyfarfod yn y fangre honno.

Yn ystod y cyfarfod ystyriwyd cynlluniau ar gyfer gwrthwynebu ymosodiad arall gan Abertawe. Cynigiodd Dewi Thomas y dylid penodi capteiniaid i ofalu am ddiogelwch gatiau'r ffermydd a fyddai'n fwyaf tebygol o gael eu targedu. Y capteiniaid fyddai'n gofalu am grŵp o amddiffynwyr, trefnu'r gwrthsafiad, gwneud symudiadau cyflym o gât i gât yn ôl y galw, a gwneud yn siŵr na fyddai unrhyw drais yn digwydd a allai beryglu'r holl waith da a gyflawnwyd hyd yn hyn. Penodwyd y canlynol i wahanol gatiau:

Glanyrynys: Dewi Thomas (Glanyrynys), Tom Davies (y cynheddwas), Tom Thomas (Coedwalter);
Llandre: Arwyn Richards (Llandre);
Ynysfaes: Glyn Thomas (Ynysfaes), William Williams (Gilfach), Aldred Thomas (Capel), Philip Rees (Werneli);
Torcoed Isaf: John Evans;
Panteg: Huw Williams (Panteg), Arwyn Thomas (Coedwalter Fach), y Cynghorydd Tom Evans (Pont-iets), Tom Thomas (Cyndeyrn), Peris Howells (Tŷ'r Stiwart).

Trefnwyd hefyd y byddai lorïau yn llawn o gerrig o'r cwar yng Nghrwbin yn cael eu symud i'r heolydd mwyaf cul, a'u gadael yno i rwystro unrhyw gerbydau a ddeuai o Abertawe. Er mor dda oedd y syniad o ganu cloch yr eglwys adeg yr ymosodiad cyntaf, ac er mor werthfawr y bu hi o ran cyhoeddusrwydd yn y wasg, nid oedd yn ddigonol at y pwrpas o alw'r pentrefwyr ynghyd. Penderfynwyd, felly, i gael seiren a fyddai'n seinio'n ddigon uchel fel y gellid ei chlywed drwy'r cwm ar awr argyfyngus.

Ystyriwyd un mater arall yn fyr iawn. Dywedwyd bod gohebydd papur newydd wedi bod yn siarad â gŵr o'r cwm a fyddai'n barod i ildio i gais Abertawe. Penderfynodd y pwyllgor mai gwell fyddai anwybyddu'r stori, a pheidio gwneud unrhyw sylw cyhoeddus ohoni.

Serch hynny, fe gafodd sylw mawr yn yr *Herald of Wales* o dan y pennawd bras: Exclusive: SPLIT IN DAM VALLEY. Pan benderfynodd Winston Richards, Llwyn Bach, Llanddarog, siarad â Brian Ratford o'r *Herald*, tynnodd nyth cacwn am ei ben. Yn ôl yr adroddiad roedd Winston Richards yn Ynad Heddwch yn nyffryn Aman, ac yn un o nifer o ffermwyr a wrthododd gyfrannu i gronfa a sefydlwyd i dalu am waith cyfreithiol ar ran yr ymgyrchwyr. Dyma ddywedodd gohebydd y papur:

'Some farmers at Llangendeirne are talking through their hats,' says Mr Richards. 'They are asking for trouble. To give towards their fund would be pouring money down the drain. These farmers are showing no regard for the Law. This is shameful, and the consequences could be serious. I have 31 acres. At least 25, and the farmhouse, would be lost under the water if the scheme were adopted. But, if the water is needed for industries, then the land must be sacrificed.' Mr Richards also believes that a reservoir in the area would attract tourists, and become a favourite pleasure spot.

Gofynnodd yr *Herald* i Dewi Thomas am ei ymateb. Roedd yn siomedig iawn bod y gŵr hwn yn gwrthod ein cefnogi, meddai, a'i bod yn amlwg nad oedd yn hidio'r un botwm amdanom. Yr unig beth y gallai Llangyndeyrn ddiolch amdano oedd na welid rhagor o rai tebyg iddo yn ein plith.

Pan ddaeth geiriau Winston Richards i glyw Undeb Amaethwyr Cymru fe'i diarddelwyd o'r undeb – yr aelod cyntaf erioed i'w fwrw allan.

Mewn adroddiad, a ryddhawyd o swyddfa'r undeb yng Nghaerfyrddin, dywedwyd bod y pwyllgor yn gresynu at yr hyn a ddywedodd, a'i fod yn niweidiol i ymdrech aelodau o'r undeb a oedd yn gwrthwynebu cynllun Corfforaeth Abertawe. Dangosodd ddiffyg teyrngarwch i'w gyd-aelodau.

Cwynodd Winston Richards wrth ohebydd y *South Wales Evening Post*, a roddodd sylw sylweddol i'r stori, bod pwyllgor yr undeb, yr oedd ef ei hun yn aelod ohono, wedi defnyddio dulliau'r Gestapo yn y ffordd yr ymdriniwyd ag ef, gan nad oedd unrhyw sylw wedi'i wneud yn yr agenda y byddent yn trafod ei sylwadau a'i ddyfodol fel aelod. Cwynodd hefyd ei fod wedi'i gam-ddyfynnu yn y wasg. Esboniodd mai eisiau penderfyniad cynnar ar ddyfodol cwm Gwendraeth Fach yr oedd ef, er mwyn i bawb gael mynd ymlaen â'u gwaith ffermio. Yr oedd yn erbyn boddi'r cwm, meddai.

Daeth nifer o ohebwyr i'm holi a oedd rhwyg yn ein mysg yn awr. Dywedais mai dynion o'r tu allan i ardal benodol y frwydr oedd y rhain. Roedd ffermwyr Llangyndeyrn mor unol ag erioed. Roeddynt yn gadarn a di-syfl yn eu penderfyniad i fwrw ymlaen â'u hymdrech ddewr. Wedi hynny ni chlywyd na siw na miw am unrhyw rwyg yn ein plith.

Pregeth ar Habacuc yn Cythruddo

Bygythiad Abertawe oedd y gofid pennaf yn awr. Fy ymateb cyntaf i'r sôn am alw'r fyddin i mewn i'r dyffryn oedd dweud, 'Gadwch iddynt ddod, fe wynebwn ni'r gynnau.' Ond, wedi ystyried, credwn mai unig bwrpas y bygythiad oedd ceisio codi ofn ar y pentrefwyr heddychlon. Gan fod gwyliadwriaeth barhaus yn y cwm, penderfynais bregethu ar y Sul ar adnod allan o'r ail bennod o lyfr y proffwyd Habacuc, 'Safaf ar fy nisgwylfa ac ymsefydlaf ar y tŵr, ac edrychaf beth a ddywed yr Arglwydd.' (Gyda llaw, roeddwn wedi pregethu eisoes ar ateb Naboth i Ahab, y brenin creulon hwnnw a fynnai ddwyn gwinllan Naboth oddi arno, – 'Na ato yr Arglwydd i mi roddi treftadaeth fy hynafiaid i ti'.) Pan soniais wrth ohebydd y *Western Mail* am fy mwriad, gofynnodd i mi os câi grynodeb o'r bregeth i'w gosod yn y papur. Yn fras, roeddwn am ddweud bod Habacuc, fel ninnau, yn byw mewn amser peryglus. Fe alwyd arno i gymryd y cyfrifoldeb o fod yn wyliedydd. Safodd ar y tŵr gan edrych i ddau gyfeiriad – y cyfeiriad o'r lle deuai bygythiad y gelyn, ac i gyfeiriad Duw, lle'r oedd diogelwch a buddugoliaeth. Rhaid i ninnau wylio a gwrando. Gofynnodd Crist, hefyd, i'w ddisgyblion i wylio, ond cysgu a wnaethant. Mae pobl Llangyndeyrn ar ddi-hun. Boed i Dduw fendithio pob gwyliedydd.

Ni fu un o golofnwyr cyson y *Western Mail* yn hir cyn ymateb. O dan y pennawd 'Bread or Water', meddai'r Junior Member for Treorchy, yn ei ffordd bryfoclyd nodweddiadol y tu ôl i gochl ei ffugenw:

If you want to know why our chapels are losing support, you do not have to look further than the words of the Rev. W. M. Rees, pastor of Llangendeirne:- 'We are living in dangerous times: the enemy has no regard for our land and the sanctity of our homes'.

The enemy! And who do you imagine is meant by that? None other than Swansea's water engineer, Mr Lillicrap, Mr Percy Morris, chairman of Swansea's parliamentary committee and other trusty burghers entitled by law to survey the Gwendraeth Fach valley...

This column supported the Tryweryn scheme for the simple reason that it hurts just as much to be unemployed on Merseyside as in the Mumbles. It supports the Gwendraeth Fach scheme for the same reason... On the best technical advice, Tryweryn was the most suitable site for Liverpool then, just as Gwendraeth Fach is the most suitable site for Swansea now. That is why opponents of this scheme are sons of stagnation and daughters of drift, no matter what flags of convenience they choose to fly under...

How, I wonder, does Mr Rees envisage that God is to provide safety and victory to Llangendeirne? Is he praying for Swansea to share the fate of Sodom and Gomorrah? Is he praying for Mr Lillicrap to be smitten like Job with boils? Does he want Mr Percy Morris to be turned into a pillar of salt? Or does he intend to lead his flock down to a stream and there collect pebbles to sling against the Philistine motor-cars of Swansea's surveyors? If he does, then I venture the prediction that he will soon rediscover the old truth, as Napoleon observed, that in these matters God is on the side of the big battalions... Has he, I wonder, stopped to ask what effect his behaviour is having, not only on the Baptist denomination as a whole, but on the reputation of Christendom?

What the people of Swansea are asking for is the bread of health and work. They deserve a better response than a stone wrapped up in a sermon.

'A minister crosses swords with JMT' oedd y pennawd a roddodd y papur dyddiol i'r ateb gogleisiol a roddais i'r colofnydd. Ond nid oedd yr ysgarmes fach hon rhyngom, serch hynny, wedi peri i'r un dafn o waed gael ei dywallt!

Argoelion Gwell?

CAWSOM NEWYDD CALONOGOL yn *Y Cymro* yr wythnos ddilynol:

> Y mae argoelion fod Abertawe yn dechrau tynnu'n ôl. Daeth y newydd hwn i ohebydd *Y Cymro* o gyfeiriad y gellir dibynnu arno, a deallwn fod awdurdodau'r dref wedi synnu o weld mor benderfynol ac unfrydol oedd y ffermwyr yn eu cyfarfod diwethaf i wrthwynebu hyd yn oed y warant a'r awdurdod uchaf posib.
>
> Nid dibwys ychwaith yw'r brotest o blaid y ffermwyr a ddaeth o gyfeiriad grŵp o wŷr blaenllaw yn Abertawe, dan arweiniad y Dr Iorwerth Jones. Mae ardal Llangyndeyrn yn obeithiol yr wythnos hon am ddau reswm arall. Y mae awdurdod Abertawe wedi gwahodd dirprwyaeth o'r ardal i gyfarfod â hwy i drafod y mater. Deallwn na fydd Mr William Thomas (cadeirydd y pwyllgor amddiffyn) yn mynd ar y ddirprwyaeth am nad yw am gyfaddawdu mewn un modd. Mwy gobeithiol fyth yw'r ffaith bod rhywrai wedi gweld swyddogion Abertawe yn cerdded tir ardal arall ym mlaenau'r Tywi.
>
> Awgrymodd Pwyllgor Amddiffyn Llangyndeyrn yr ardaloedd yma, lle mae rhandiroedd diffaith heb neb yn byw ynddynt, o'r dechrau, ond fe'u gwrthodwyd gan Abertawe am y byddai'n ddrutach o dipyn i gyrchu dŵr o'r fan honno.
>
> Y teimlad erbyn hyn yn Llangyndeyrn yw bod synnwyr cyffredin a barn gref y Wasg a'r cyhoedd yn dechrau troi'r fantol o'u plaid. Bu Lady Megan yn hir cyn dod i'r maes, ond bellach y mae hithau ar ei heithaf yn gweithio ac yn 'gant y cant dros gadw'r ardal'.

Cadwyd ni ar bigau'r drain am amser hir yn disgwyl goresgyniad arall. Roedd hyn yn act greulon a achosodd bryder mawr i'r ffermwyr. Ond, yn sydyn, ar 12 Tachwedd, ymddangosodd geiriau bygythiol yn stori flaen y *South Wales Evening Post*: Gwendraeth water scheme has not been abandoned. COUNCIL TO TRY AGAIN AT SURVEYS. 'Farmers will get notice: no cloak and dagger'. Yn dilyn cyfarfod o bwyllgor awdurdodau Gorllewin Morgannwg, cynhaliodd Iorwerth Watkins, clerc tref Abertawe, gynhadledd arbennig i'r wasg. Roedd yr awdurdodau'n unol yn eu penderfyniad i fwrw ymlaen â chynllun Gwendraeth Fach, meddai wrthynt, a'r tro nesaf byddai'n rhoi rhybudd ysgrifenedig ymlaen llaw i'r ffermwyr ynglŷn ag ymweliad y peirianwyr. Cwynodd bod yr oedi a fu cyn dechrau'r gwaith archwilio yn costio'n ddrud i'r awdurdodau, gan fod cytundeb wedi'i arwyddo eisoes gyda ffyrm o gontractwyr. Byddai'r pris i'w ddalu nawr yn llawer mwy na'r £21,000 y cytunwyd arno ar y dechrau.

Cyfeiriodd hefyd bod awdurdodau Gorllewin Morgannwg wedi cyfarfod ag awdurdodau Sir Gaerfyrddin i drafod cynllun Gwendraeth Fach, a bod adroddiad arall wedi'i wneud gan beirianwyr ymgynghorol nad oeddynt yn rhan o'u gweithgor hwy. Nid oedd yr adroddiad hwn yn anghytuno â data technegol ac amcangyfrifon gweithgor Abertawe, meddai'r clerc, ond yr oeddynt wedi rhoi gerbron awgrymiadau i amrywio cynllun blaenau Tywi. Yn dilyn hyn dywedodd bod pwyllgor awdurdodau Gorllewin Morgannwg wedi gofyn i'w peirianwyr ymgynghorol i ymchwilio i'r mater.

Ailadroddodd eto y byddai cynllun Gwendraeth Fach yn darparu 25 miliwn o alwyni o ddŵr y dydd, ac yn costio £4 miliwn, o'i gymharu â chost lawer drutach o £6.3 miliwn ym mlaenau Tywi. Yr oedd y ffigurau hyn yn hollol gamarweiniol o'u cymharu ag adroddiad y peirianwyr a gyflogwyd gan Gyngor Dosbarth Caerfyrddin. Nid anghofiodd pentrefwyr Llangyndeyrn eiriau creulon y clerc ar ddiwedd ei gynhadledd i'r wasg, pan ddywedodd y byddai cronfa ddŵr fodern, dros dair milltir a hanner o hyd yn y dyffryn, yn atyniad mawr i ymwelwyr o bell i fwynhau eu hunain yn hwylio, pysgota a dilyn pleserau eraill.

Roeddem wedi dysgu derbyn siom yn gymysg â chalondid

yn ystod y cyfnod hwn, ac er ein bod yn credu ein bod yn ennill y dydd ar dir dadl a rheswm, a fyddai'n gwrthwynebwyr yn barod i gydnabod hynny? Clywsom fod dau Aelod Seneddol Cymreig yn trefnu cyfarfod â Syr Keith Joseph i ddadlau'n hachos. Yn ei golofn 'Welsh Parliamentary Notebook' dywedodd Antony Barber fod Syr Keith Joseph mewn dŵr twym unwaith eto, ac mae dŵr Cymru fyddai'n ei losgi. Ymwelodd Y Fonesig Megan Lloyd George a Cledwyn Hughes, Aelod Seneddol Sir Fôn, ag ef i ddweud wrtho am y brotest gynyddol yng nghwm Gwendraeth, a dadlau mai ardal blaenau Afon Tywi oedd y man gorau i greu cronfa ddŵr. Roedd Cledwyn Hughes yn un o arweinwyr yr Wrthblaid ar y pwyllgor a ddeliodd â'r Mesur Adnoddau Dŵr, a phan ofynnodd ef a'r Fonesig Megan i Syr Keith a fyddai'n barod i ymyrryd yn yr helynt, dywedodd – gan mai ef fyddai'n gorfod dyfarnu yn y pen draw, pan fyddai'r cynllun yn cael ei gyflwyno iddo – na fyddai'n iawn iddo gydsynio â'u cais. Dywedodd Syr Keith ymhellach wrth y Fonesig Megan y dylai hi bwyso ar bobl Llangyndeyrn i ufuddhau i'r gyfraith, er mwyn i Abertawe allu archwilio'r tir.

Rhoddwyd lle amlwg yn y wasg i ymateb negyddol y Gweinidog i gais y ddau Aelod Seneddol Cymreig. Oherwydd ei amharodrwydd i ymyrryd, a'i gyngor gwag ynglŷn â'r gyfraith, rhaid oedd dwysáu'r tyndra rhyngom. Mewn adroddiad i'r wasg dywedais y byddai'n dda i Syr Keith Joseph ddeall mai pobl heddychlon yw pobl ardal cwm Gwendraeth Fach, ac mai Corfforaeth Abertawe a'i saith o gynghreiriaid oedd yn torri'r gyfraith. Roeddent wedi tresbasu ar eiddo ffermwyr y fro heb geisio caniatâd, ac wedi gwrthod ymgynghori o gwbl â ni ynglŷn â'u cynlluniau. Cyhuddais Syr Keith hefyd o ddiystyru pob cais a wnaethpwyd iddo gan Langyndeyrn – y ddeiseb o 200 o enwau a dderbyniodd, y llythyr a anfonais ato yn gresynu at ei ddyfarniad annheg i adroddiad ei arolygydd peiriannol yn y Gwrandawiad Lleol, a'r cais a wnes am ymchwiliad i'r sefyllfa yn y dyffryn. O ganlyniad i'r anghyfiawnder a wnaeth â ni, ni fyddai gennym unrhyw ffydd mewn ymchwiliad pellach am ein bod yn cofio'n rhy dda hanes trychinebus Henry Brooke, ei ragflaenydd, a Thryweryn.

Os oeddem wedi'n siomi gan bwysigyn yn Llundain, daeth newyddion i'n calonogi'n fawr o Gaerfyrddin. Pwysleisiwyd gennym, dro ar ôl tro, fod canolbwynt ein dadl yn seiliedig, nid ar sentiment gwlanog, ond ar egwyddor, ffeithiau a rheswm.

THE LLANGYNDEYRN AND GWENDRAETH FACH VALLEY DEFENCE COMMITTEE, CARMARTHENSHIRE

Chairman :
Mr. WILLIAM THOMAS, D.C., Y BANK, LLANGYNDEYRN, KIDWELLY, CARMARTHEN. Phone No. Pontyberem 315

Financial Secretary :
Mr. DAVID SMITH,
BRAGDY,
LLANGYNDEYRN,
KIDWELLY,
CARMARTHEN.

Organising Secretary :
Rev. W. M. REES,
BRO DAWEL,
LLANGYNDEYRN,
KIDWELLY,
CARMARTHEN.
Phone No. Pontyberem 314.

We, the signatories hereto being residents in the Village of Llangyndeyrn, Carmarthenshire hereby petition you as our Prime Minister to cause an immediate inquiry to be made into the merits of the proposals of the West Glamorgan Authorities to build a dam through the centre of our village for the purpose of impounding water in that part of the Gwendraeth Fach Valley which lies between our village and the village of Porthyrhyd Garmarthen.

We are a close knit community living in a village set in one of the most beautiful and fertile valleys in Wales. We are fearful of the effects this huge 80 feet high wall will have on us as a community, our social and religious life will be completely disrupted, our general health and wellbeing can but suffer under the conditions that will prevail. All our properties will depreciate considerably in value, inflicting serious hardship in many cases. Many of us would not consider remaining in the village if the proposals bear fruit, those deciding to stay would find themselves living in a ghost village shunned by all people. It would be one more rural community destroyed for ever.

We make to you Sir an earnest appeal to give this matter your urgent and personal attention so as to allay our fears at the earliest possible moment. We are convinced that the destruction of our community and the flooding of our fertile valley will not be in the interests of the nation as a whole.

NAME.	ADDRESS.
Wm Rees.	(Baptist minister.) Bro Dawel, Llangyndeyrn.
E. M. Rees.	Bro-Dawel Llangyndeyrn.
N. G. Rees	'Brodawen' Llangyndeyrn,
B. T. Williams	Vicarage. LLANGYNDEYRN.
D. T. Williams	The Vicarage. Llangyndeyrn.
A. M. Jones	Hanefon Llangendeirne

Rhan o'r petisiwn a anfonwyd i'r Prif Weinidog, yn cynnwys dros 200 o enwau trigolion yr ardal

Cadarnhawyd ein hamddiffyniad pan gyflwynwyd adroddiad gan arbenigwyr technegol, ar ran Cyngor Gwledig Caerfyrddin, mewn cyfarfod rhwng awdurdodau Gorllewin Morgannwg a Sir Gaerfyrddin yn Nhachwedd 1963. Dywedwyd ynddo nad oedd unrhyw gyfiawnhad dros adeiladu cronfa ddŵr yng nghwm Gwendraeth Fach. Roedd Corfforaeth Abertawe wedi dadlau drwy'r amser y byddai adeiladu'r gronfa yno yn llawer rhatach na chynllun y Tywi, sef swm o £6.3 miliwn o'i gymharu â £4 miliwn. Ond yn awr dyma adroddiad yn llorio'r ddadl honno'n llwyr.

Yn eu hadroddiad i'r cyfarfod dywedwyd nad oeddynt yn ymateb yn negyddol i anghenion awdurdodau Gorllewin Morgannwg, ac os cynllun Gwendraeth Fach fyddai'r unig ateb i'w problem, yna ni fyddent yn ei wrthwynebu. Dywedwyd ymhellach:

There was a time, not so very long ago, when this country was using up agricultural land almost indiscriminately. Today, by careful planning, this wastage of a national asset has been very considerably reduced.

As a maxim, only in the national interest should a national asset be destroyed. No man has a right to waste his land, and it is a measure of our interest in agriculture as a nation that the Government find it necessary to control and support the industry.

Every man can be bought out – at a price – but it is the duty of every legislative authority to ensure that no national asset is destroyed, unless the purpose for which it is destroyed, is paramount. In comparing these schemes we are faced with the destruction of agricultural land on the one side when on the other there is land, which, if used to conserve water, would be put to more valuable use than it is at present...

Moreover, one cannot pass over lightly the disturbance which one may cause, in the pursuance of a scheme, to individuals. There is no doubt that in this country, where individuals realise the absolute necessity to make a sacrifice in the national interest they will do so. But they have to be convinced that it is necessary: we are not so convinced, why then, should be the individuals concerned?

Syfrdanwyd y gymdogaeth gan y newydd hwn. Beirniadwyd yn llym y ffigurau camarweiniol a roddodd clerc tref Abertawe gan gangen Sir Gaerfyrddin o Undeb Cenedlaethol yr Amaethwyr:

> Mr Watkins said that the Gwendraeth Fach scheme will produce 25 million gallons of water a day at a capital cost of £4 million. But what Mr Watkins does not say is that allowing for 30 per cent compensation flow, the Gwendraeth Fach river itself will only produce 10 million gallons a day. The remainder will be piped from the Towy via a pumping station at Nantgaredig. So, apart from this small amount, the Gwendraeth basin will be used only for the storage of water extracted from the Towy.
>
> To satisfy the eventual needs of the West Glamorgan Authority, about 50 million gallons will have to be extracted from the Towy, and this will inevitably mean the construction of a reservoir in the upper reaches of the Towy. So why not pump the water directly from the Towy to the consuming area and store it there, thus saving 1,000 acres of fertile land and avoiding the dispossession of a large number of families in the Llangendeirne area?

Cytunodd Corfforaeth Abertawe i ystyried yr awgrymiadau ynglŷn â blaenau Tywi, ond nid oeddent am ollwng eu gafael ar gynllun cwm Gwendraeth Fach.

Cefnogaeth o Abertawe!

Menter fawr oedd i ddyrnaid o drigolion pentref bychan, gwledig herio awdurdodau grymus a phwysig, heb sôn am herio llys barn. Ond rhoddais bob anogaeth iddynt i dorri'r gyfraith dreisgar. Credais fod hynny'n gyfiawn. Gwyddwn fod yr awdurdodau'n gwneud camgymeriad mawr, ond roeddynt yn rhy falch i droi'n ôl. O dipyn i beth, serch hynny, teimlem eu bod yn dechrau gwegian. Cawsant ergyd dost pan glywsant fod cydymdeimlad cynyddol yn Abertawe a'r cyffiniau i'n hymgyrch, a rhoddodd hynny, wrth gwrs, galondid mawr i ninnau. Cyfaddefodd y Parch. Hubert Hughes, ficer Treforys, yn yr *Herald of Wales*, bod ganddo gydwybod anesmwyth ynglŷn â bwriad Abertawe, ac roedd yn llawn edmygedd o safiad gwrol y ffermwyr. 'Mae'n hen bryd i rywun yn Abertawe fynd ati i drefnu cyfarfodydd cyhoeddus a gwahodd rhai o'r pentrefwyr yma i siarad â ni,' meddai.

Do, fe aeth rhai ati i'n helpu. Clod bythol foed i'r cymwynaswyr a sefydlodd Bwyllgor i Amddiffyn Llangyndeyrn yn Abertawe! Cynhwysai'r pwyllgor aelodau amlwg o sefydliadau crefyddol a chymdeithasau diwylliannol yn y dre, ac ymhen dim dewiswyd dirprwyaeth i ymweld â swyddogion y Gorfforaeth. Yn eu plith roedd y Parchedigion E. Curig Davies, Trebor Lloyd Evans ac M. J. Williams, Dr Iorwerth Hughes Jones, Yr Athro J. R. Jones, E. H. Thomas, J. O. Jones a Wilfred Higgs. Daeth Mr Higgs i'm gweld un diwrnod a dywedodd wrthyf fod nifer o eglwysi yn Nhreforys wedi pasio penderfyniadau i gydymdeimlo â ni yn ein helbul, a hynny roddodd y sbardun i sefydlu'r Pwyllgor Amddiffyn. Pan glywodd Mr J. O. Jones fy mod yn bwriadu cofnodi hanes y frwydr ryw ddydd, anfonodd lythyr ataf yn sôn am eu hymweliad â swyddogion y Gorfforaeth.

Cawsom dderbyniad bonheddig gan y clerc a'i ddirprwy. Cyflwynwyd ni iddynt gan y Dr Iorwerth Jones. Rhoddodd Mr Higgs ddadl gref a chryno ar y wedd economaidd yn erbyn y cynllun. Yna rhoddodd yr Athro J. R. Jones ddadl gadarn dros yr achos cymdeithasol, a siaradodd y Parch. E. Curig Davies, Mr Evan Thomas a minnau. Rhoddais bedwar rheswm pam y dylent fynd i flaenau Tywi: hwnnw fyddai'r lle gorau am gyflenwad o ddŵr; byddai'r cynllun hwnnw'n rhatach; roedd gwerth i dir cynhyrchiol y Wendraeth Fach; a byddai modd gwerthu dŵr o afon Wysg i gynorthwyo cynllun blaen Tywi.

Atebodd y clerc bod Abertawe yn gweithio ar ran saith o awdurdodau eraill, ac mai'r bwriad oedd mynd i flaenau Tywi ar ôl boddi'r Wendraeth Fach. Gofynnodd inni, 'A fyddech fel trethdalwyr yn fodlon argymell eich pwyllgor i ddwyn y baich ariannol ychwanegol wrth fynd i flaenau Tywi?' Atebwyd, 'Ni allwn gytuno â chi ynglŷn â chost ychwanegol. Yn ein tyb ni, byddai'n rhatach.' Addawodd y clerc y rhoddai ein barn o flaen ei bwyllgor.

111

Cawsom wybod ychydig am yr hyn a feddyliai'r Athro J. R. Jones, Pennaeth Adran Athroniaeth Coleg y Brifysgol Abertawe, am y bygythiad i foddi'r cwm pan gyhoeddwyd *Prydeindod*, ei gyfrol ddadansoddol, yn 1966. Mae'n amlwg bod ein safiad wedi dylanwadu'n fawr ar un o feddylwyr praffaf y Gymru Gymraeg. Yn ei bennod 'Prydain: y Genedl Saesneg a'r Bobl Gymreig' dywedodd:

Bellach mewn ardal ar ôl ardal yng Nghymru, fel y digwyddodd yng Nghernyw, nid erys yn iaith y tir ond enwau'r lleoedd. Ond pan gaf achos i gyfeirio yn nes ymlaen at 'weddillion cydymdreiddiad tir Cymru â'r iaith Gymraeg', nid meddwl am y gwaddod ffosiledig hwn y byddaf. Fel iaith bywyd beunyddiol dynion ar lawr eu daear y mae iaith Pobl yn cydymdreiddio â'u tiriogaeth. Lle mae tir y Cymry yn y cwestiwn, y 'cydymdreiddiad' yw bod bywyd wedi ei fyw yn Gymraeg ar y diriogaeth hon ers cenedlaethau. A 'gweddillion' y cydymdreiddiad yng Nghymru yw'r bröydd hynny ar daen drwy'r wlad lle'r erys y Gymraeg yn yr ystyr hon yn 'iaith y tir'. Oblegid yr iaith fyw, yn y troedle cwtogedig hwn sy'n aros iddi, yr ydym yn Bobl. Ac os o'i golli'n llwyr y collem weddillion olaf ein modd i wybod pa Bobl ydym, yna y mae pob modfedd ohono uwchlaw pris ac yn anfarchnatadwy. Yr oedd darn o'r troedle yng Nghwm Tryweryn ac y mae darn arall yng Nghwm Gwendraeth Fach. Eithr, meddent, 'daear yw daear a dŵr yw dŵr ar bum cyfandir'. Ffyliaid a deillion! Nid darnau yn unig o wyneb y ddaear ond darnau o gydymdreiddiad tir ac iaith yw'r bröydd hyn ac felly darnau o fodolaeth y Bobl Gymreig.

Daeth newyddion annisgwyl un dydd bod ffermwyr y tu hwnt i'r dyffryn wedi dod i roi hwb ychwanegol i'n hymgyrch. Gyda chefnogaeth lawn Undeb Amaethwyr Cymru, roedd ffermwyr yn ardal Cross Hands yn gwrthod rhoi caniatâd i beirianwyr Abertawe i archwilio'u tir. Yn ôl yr undebwr Emlyn Thomas roedd saith o ffermwyr a oedd yn berchen tiroedd nid nepell o'r dyffryn wedi ailystyried eu penderfyniad gwreiddiol i roi caniatâd, ac yn awr, ar ôl sylweddoli maint enfawr y cynllun, yn gwrthod cais peirianwyr Abertawe. Er mwyn cysylltu'r biblinell o'r gronfa ddŵr arfaethedig ar ei ffordd i ben ei thaith yn Felindre, ger Treforys, byddai'n rhaid iddi groesi caeau'r ffermwyr. Erbyn hyn roeddent yn gwbl gefnogol i safiad eu cyd-ffermwyr yn Llangyndeyrn. Anfonodd yr undeb lythyr cryf i Syr Keith Joseph yn gofyn iddo ymyrryd yn y ffrwgwd a rhoi terfyn ar fwriadau Corfforaeth Abertawe, neu unrhyw awdurdod arall, i foddi'r cwm.

Ymgais i'n Cyfaddawdu

Daeth siom arall i'r Pwyllgor Amddiffyn ar 30 Ionawr 1964, pan roddodd William Thomas hanes cyfarfod y galwyd ef iddo gan W. S. Thomas, clerc Cyngor Sir Gaerfyrddin, yn Neuadd y Sir. Dywedodd bod y clerc a'r Cynghorwr, yr Uwchgapten Fisher-Hoch (gŵr a fu'n amddiffynnydd cadarn i ni cyn hyn), wedi cyfarfod â swyddogion Corfforaeth Abertawe, ac mai eu bwriad yn awr oedd ceisio perswadio cynrychiolwyr Sir Gaerfyrddin i dderbyn argymhelliad Fisher-Hoch y dylai Llangyndeyrn ildio, a chaniatáu i'r gwaith o arbrofi'r tir i fynd yn ei flaen, oherwydd yr addewid a roddwyd gan Abertawe y byddent yn barod, bellach, i edrych ar gynllun ar diroedd ym mlaenau Tywi. Gofidiodd William Thomas yn fawr am ei fod yn gweld rhai o gynrychiolwyr ei sir yn ffafrio argymhelliad Fisher-Hoch ac yn 'jibo', a phan ofynnwyd iddo yntau a fyddai'n barod i ddylanwadu ar ei Bwyllgor Amddiffyn i dderbyn yr argymhelliad, dywedodd wrthynt, 'Gentlemen, I am not convinced, and therefore, I cannot convince others.'

Barnwyd yn unfrydol yn ein pwyllgor nad oedd unrhyw synnwyr ein bod am ystyried ildio ar amod mor wantan, ac ysgrifennais lythyr at W. S. Thomas i ddatgan ein penderfyniad. Derbyniais lythyr yn ôl ganddo yn gofyn inni anfon dirprwyaeth o bump neu chwech o'n haelodau i gyfarfod a oedd i'w gynnal yng Nghaerfyrddin. Bu ymateb cryf yn ein pwyllgor i wrthod gwahoddiad y clerc, ond llwyddodd William Thomas a minnau i ddylanwadu ar yr aelodau i'w dderbyn, am nad oedd dim i'w golli. Gwyddem o'r gorau mai cyfrwystra Abertawe oedd y tu ôl i hyn i gyd, sef defnyddio Cyngor Sir Gaerfyrddin i ddylanwadu ar ein Pwyllgor Amddiffyn. Ond ni fyddai unrhyw berygl i ni gyfaddawdu o gwbl. Roedd yn gyfle gwych i ni ddadlau ein hachos, a byddem yn manteisio ar y cyfle i ddangos ein bod yn dal yn gadarn ac unol. Ond, os oeddent am ein cyfarfod, eu dyletswydd hwy oedd dod atom ni i Langyndeyrn, ac nid disgwyl i ni fynd atynt hwy yng Nghaerfyrddin!

Fore Sadwrn, 1 Chwefror derbyniais y llythyr hwn o law W. S. Thomas, clerc Cyngor Sir Caerfyrddin:

West Glamorgan Water Supplies. Gwendraeth Fach B Scheme

At a meeting of representatives of the Carmarthenshire authorities today, it was decided that a meeting be held with the Llangendeirne Defence Committee to discuss the above problem. In consultation with Mr William Thomas, it was agreed that the meeting be held at the Church Hall, Llangendeirne, on the evening of Tuesday 4th February at 7pm and the Carmarthenshire representatives will be accompanied by the Chairman of the West Glamorgan Joint Committee and the Town Clerk of Swansea.

I shall be glad if you will kindly arrange for the use of the Church Hall and for your members to be present at the time indicated.

Pan gyfarfu'r Pwyllgor Amddiffyn hanner awr cyn ymweliad gwŷr Sir Gaerfyrddin ac Abertawe, er mwyn arfogi'r aelodau ymlaen llaw, dewiswyd naw o'n plith i siarad yn y cyfarfod, sef Harry Lloyd (NFU), Emlyn Thomas (FUW), Edryd Richards, Islwyn Thomas, William Evans, Dewi Thomas, Arwyn Richards, Huw Williams a minnau. Byddem yn caniatáu hefyd i un aelod o blith y gwahanol awdurdodau i siarad. Erfyniodd y Cadeirydd, minnau ac eraill, i bawb i ddal yn gadarn ac i ddangos cryfder. Cynigiodd William Gealy, ac eiliwyd gan David Jones, nad oedd ond un ateb i'w roi i W. S. Thomas ac Iorwerth Watkins, a rhoi hwnnw'n bendant, nad oeddem yn mynd i ildio i'w hawgrymiadau. Cyn inni orffen y drafodaeth gwelsom fod cynrychiolwyr Sir Gâr a gwŷr Abertawe wrth y drws.

Wedi'r holl anwybyddu a wnaethant â ni, y treisio, y cynllwynio, a'r cynllunio yn ein cefn, wele, o'r diwedd, gyfle i gyfarfod â'r rhai a achosodd gymaint o flinder a gofid i ddyffryn cyfan.

Croesawyd hwy i Langyndeyrn gan ein Cadeirydd mewn geiriau byr a dethol. Dechreuad anffodus gafodd cynrychiolwyr Sir Gâr. Nid oedd yr Uwchgapten Fisher-Hoch wedi cyrraedd i agor y drafodaeth, a bu'n rhaid gofyn i W. S. Thomas i gymryd ei le. Ar ôl iddo ddechrau dweud ychydig o eiriau cyrhaeddodd Fisher-Hoch, ac roedd hi'n hawdd gweld y rhyddhad ar wyneb y clerc pan ddywedodd, 'He has just arrived in the nick of time.'

Dechreuodd yr Uwchgapten ei araith drwy esbonio beth oedd pwrpas y cyfarfod, a threuliodd beth amser yn sôn am gefndir yr achos rhwng Gorllewin Morgannwg a chwm Gwendraeth Fach. Dywedodd bod camddealltwriaeth wedi digwydd. Ni fydd cronfa ddŵr yn cael ei hadeiladu yn Llangyndeyrn. Mae'r ddadl yn erbyn hynny'n gryf a phositif. Ystyried yr ydym y ffordd orau i gronni dŵr yn y rhan yma o'r byd, meddai. Roeddem yn credu mai'r lle hwn oedd yr unig le y bwriadodd Abertawe godi argae, a buom yn gwrthwynebu. Cyflogodd Cyngor Gwledig Caerfyrddin beirianwyr, a chyflwynwyd cynllun gwahanol i awdurdodau Gorllewin Morgannwg, ac mae'r cynllun hwnnw, ym mlaenau Tywi, yn ymddangos yn fwy derbyniol o ran ystyriaethau peirianyddol. Cyflwynir cynlluniau Gwendraeth Fach *a* Thywi i Syr Keith Joseph i'w hystyried, ac ef fydd yn gwneud y penderfyniad terfynol. Bydd yn rhaid cynnal Ymchwiliad Cyhoeddus, ac fe ellid dod â'r achos i Dŷ'r Cyffredin, lle cawn gefnogaeth gref gan ein Haelod Seneddol.

Gwingodd nifer ohonom wrth glywed y cyfeiriad at Ymchwiliad Cyhoeddus, achos dywedwyd lawer gwaith yn ein pwyllgorau na fyddai gennym unrhyw ffydd yn y broses honno, yn enwedig o gofio'r modd y dyfarnodd Syr Keith Joseph yn ein herbyn yn dilyn y Gwrandawiad ym Mehefin y flwyddyn flaenorol.

Aeth Fisher-Hoch yn ei flaen a dywedodd yn hyderus y byddai ein hachos ni yn ennill y dydd. Roedd cynrychiolwyr Sir Gaerfyrddin, felly, yn awyddus i'r arbrofion fynd yn eu blaen yn Llangyndeyrn. (Gwingais eto wrth glywed y geiriau.) Ar hyn o bryd nid oedd yn bosib i'r Gweinidog ymyrryd am nad oedd ganddo gynllun o'i flaen. Ni ddylai pobl Llangyndeyrn ofni, am na fyddai Abertawe yn gweithredu'r cynllun. Rhoddwyd hawl gyfreithiol iddynt i archwilio'r tir. Rhaid oedd ufuddhau i'r gyfraith. (Gwingais yn ofnadwy drachefn.) Ategodd ei bod yn ddyletswydd arnom i gydymffurfio â'r mwyafrif. Ond ni chodir argae yn Llangyndeyrn.

Bu distawrwydd llethol yn y neuadd ar ôl i'r Uwchgapten orffen ei araith. Sylweddolodd ein dirprwyaeth ar unwaith bod ei 'amddiffyniad' wedi bod yn wan ofnadwy. Ond nid dyna oedd barn Clerc Corfforaeth Abertawe pan gododd ar ei draed. Canmolodd Iorwerth Watkins araith Fisher-Hoch am y modd deheuig y cyflwynodd yr achos, 'for the statesman-like manner he has presented the case' oedd ei eiriau. Nid oedd modd cymharu'r ddau gynllun, meddai, nes bod tiroedd Llangyndeyrn a blaenau Tywi wedi'u harchwilio. Ar ôl gwneud hynny gallai awdurdodau Gorllewin Morgannwg gyflwyno'r ddau gynllun i'r Gweinidog, Syr Keith Joseph, ac wedi hynny gellid cynnal Ymchwiliad Cyhoeddus.

Cyn galw ar ein cynrychiolwyr ni i annerch y cyfarfod, ni allodd y Cadeirydd ymatal rhag dweud bod cymdeithas wedi bod ar ei hennill yn y gorffennol am fod dynion wedi anufuddhau i'r gyfraith pan oedd honno'n gyfraith anghyfiawn. Anelwyd y gynnau yn unionsyth at yr Uwchgapten pan wahoddwyd y ddau undebwr i siarad. Afresymol oedd sôn am foddi mil o erwau o dir ffrwythlon er mwyn creu ystorfa ddŵr, meddai Harry Lloyd. Roedd hynny'n adlewyrchu methiant y peirianwyr. Dylai'r Gweinidog Amaeth fod wedi ymyrryd ar ddechrau'r helynt, ac nid ar ei ddiwedd, fel yn y drefn bresennol. Cyfeiriodd at gyfraith anghyfiawn, a dywedodd 'the remedy for an injust law is to disobey it'. Ategwyd ei eiriau gan Emlyn Thomas, a chondemniodd anogaeth Fisher-Hoch i Langyndeyrn i ufuddhau i'r gyfraith. Heriodd ef i brofi'i haeriad na châi cwm Gwendraeth Fach ei foddi yn dilyn archwiliad o'r tir. Pam na fyddai Abertawe yn mynd i dir diffaith Brianne, gofynnodd, yn hytrach na llygadu un o diroedd mwyaf ffrwythlon Cymru? Safai'n gadarn y tu ôl i bobl dda Llangyndeyrn – trech gwlad nag arglwydd, meddai.

Dewi Thomas oedd y cyntaf o'r tri ffermwr i siarad. Pwysleisiodd werth amaethyddol tiroedd cwm Gwendraeth Fach o'u cymharu â thir diffaith blaenau Tywi, a dyfynnodd ffigurau o adroddiad Herbert Lapworth Partners, a gomisiynwyd gan Gyngor Gwledig Caerfyrddin, i brofi y buasai cynllun Tywi yn llawer rhatach hefyd. Beirniadodd honiad Fisher-Hoch bod angen archwilio'r ddau le. Edliwiodd Arwyn Richards eiriau anffodus Iorwerth Watkins pan soniodd rywdro wrth y wasg y byddai cronfa ddŵr yng nghwm Gwendraeth Fach yn atynfa ardderchog i dwristiaid, lle gellid mwynhau pleserau hwylio a physgota – pleserau, meddai, a fyddai ar draul colledion amaethyddol a chymdeithasol. Apeliodd Huw Williams am degwch a synnwyr cyffredin wrth ystyried y cynllun dwl a fyddai'n difetha cartrefi a thir y gymdogaeth. Bu Edryd Richards yn llawdrwm ar Fisher-Hoch gan ddweud iddo obeithio y deuai â rhywbeth newydd i'r anghydfod, ond fe'i siomwyd. Gofynnodd i Gorfforaeth Abertawe i fwrw ymaith eu balchder, am fod ganddynt gyfle i weithredu cyfiawnder moesol.

Pentyrrodd William Evans feirniadaeth bellach ar Fisher-Hoch am iddo ofyn i bentrefwyr Llangyndeyrn i ufuddhau i gyfraith anghyfiawn, a gofynnodd, os nad oedd Abertawe am godi cronfa ddŵr yn y dyffryn, pa ddiben oedd mewn archwilio'r tir? Dywedodd mai ofer fyddai ceisio creu rhwyg yn y Pwyllgor Amddiffyn. Roedd yr aelodau'n unol – nid oedd ildio i fod. Mynegodd Islwyn Thomas ei siom am nad oedd Abertawe wedi symud un cam ymlaen ar dir rheswm. Atgoffodd y cwmni, a Percy Morris, y cyn-Aelod Seneddol Llafur, yn fwyaf arbennig, mai egwyddor y Torïaid a oedd y tu ôl i'r holl fusnes, ac y dylent ddychwelyd yn awr i Abertawe a dechrau defnyddio'u synnwyr cyffredin. 'This unhappy episode has engendered an embittered feeling,' meddai. 'There has never been a more sincere gathering than you have in this community. If the law will take its course the people of Llangyndeyrn know the implications. They will defend what they believe to be right.' Cyfeiriais innau at wrthuni apêl Fisher-Hoch ar inni ufuddhau i gyfraith dreisgar, a'r ffolineb o wario arian trethdalwyr i archwilio tir ein dyffryn os nad oeddynt am greu cronfa ddŵr yno. Dywedais, yn ôl tystiolaeth y niferoedd llythyrau a negeseuon a dderbyniais, bod cefnogaeth pobl o bob rhan o Gymru y tu cefn i ni, ac inni dderbyn rhai cyfarchion o Loegr, yr Alban, Jersey, yr Unol Daleithiau, a Singapore, hyd yn oed. Mae amddiffynwyr y dyffryn yn gwbl ddigyfaddawd, meddwn, ac mae rhai ohonom yn barod i wynebu carchar cyn ildio.

Yna cododd Percy Morris ar ei draed a dywedodd, â mêl ar ei dafod, 'Swansea has goodwill for Llangyndeyrn. We regarded it as the best area, and then you came into the action. We have no hatred. We want water.' Ni ddylem ymadael â'n gilydd, meddai ymhellach, ond gyda'r teimladau gorau. Ac yntau wedi derbyn cernod go egr, mentrodd Fisher-Hoch godi ar ei draed unwaith eto. 'The West Gamorgan authorities have heard the feelings of Llangyndeyrn, and Llangyndeyrn have heard what the authorities think. We are fighting this as a legal battle. We feel that the best procedure is to go at it legally.' Cymhellodd ef ni unwaith eto, wrth derfynu, i ganiatáu i'r arbrofion ddigwydd, ond ni fyddai argae yn cael ei adeiladu yn Llangyndeyrn, meddai.

Cyfarfu'r Pwyllgor Amddiffyn am ychydig funudau ar ôl i'r cyfarfod orffen, pryd cytunodd pawb yn frwd â chynnig John Jones, Crwbin, a eiliwyd gan Tom Evans, y dylai'r Ysgrifennydd anfon llythyr i W. S. Thomas ac Iorwerth Watkins i ddweud wrthynt nad oeddem am gyfaddawdu â nhw. Euthum ati'r noson honno i baratoi'r ymateb hwn:

Dear Sir,
I am instructed by the Llangyndeyrn and Gwendraeth Fach
Defence Committee to send you a resolution made after you had
left the meeting which was held at the Llangyndeyrn Church Hall
last night, called by you to consider proposals by representatives

of the Swansea Corporation and Carmarthenshire Authorities
in connection with the West Glamorgan Water Supplies –
Gwendraeth B Scheme.

It was moved and seconded that the Defence Committee adhere
to their previous resolution to resist any attempt to enter the land
for surveying and boring purposes, and it was carried unanimously
and with vigour. It was felt that the position remains the same.

The Committee also hope that the West Glamorgan Authorities
will show in deed and spirit the remarks made by Alderman Percy
Morris that Swansea has goodwill for Llangyndeyrn.

Yours faithfully,
W. M. Rees (Secretary)

Aeth tri mis heibio, tri mis pryderus o ddisgwyl llythyr i
gyrraedd unrhyw fore i ddweud wrthym y byddem yn cael
rhybudd o 24 awr cyn i'r lorïau a'r peiriannau tyllu ddychwelyd.
Ond yr oeddem yn barod amdanynt. Ni symudwyd un o hen
beiriannau trwm y ffermydd y tu cefn i'r gatiau – na thractor,
na byrnwr, na chodwr grawn; roedd y cadwyni'n ddiogel rhwng
pob gât a phostyn, a'r rheiny wedi'u cloi; ac yn bwysicach,
roedd y pentrefwyr yn barod i sefyll yn y bwlch pan ddeuai'r
alwad.

Galwyd cyfarfod o'r Pwyllgor Amddiffyn ar 8 Mai, a daeth
cynrychiolaeth dda i'r neuadd. Darllenais nifer o lythyrau a
oedd yn datgan cydymdeimlad a chefnogaeth frwd i'n safiad.
Arferwn wneud hyn gan ei fod yn help i ysbrydoli'r aelodau a
chryfhau eu penderfyniad. Dangosais iddynt un llythyr a ddaeth
o Ddulyn gydag erthygl hir am ein hymgyrch a ymddangosodd
mewn papur newydd wedi'i ysgrifennu yn yr iaith Wyddeleg.

Dywedais fod yr awdurdodau, a fu yn ein bygwth dros
gymaint o amser, yn sylweddoli erbyn hyn eu bod wedi taro yn
erbyn craig gallestr, ond a oeddynt yn simsanu? Credai William
Thomas y byddai Abertawe yn siŵr o wneud ymgais arall i'n
goresgyn yn fuan, a byddai'r ymosodiad hwnnw yn llawer
ffyrnicach na'r un cyntaf. Dywedodd Islwyn Thomas ei fod yn
credu bod Abertawe wedi cael 'clatsien dost' yn y cyfarfod fis

Chwefror wrth iddynt weld ein safiad diysgog. Pe baem wedi llacio am hanner munud, meddai, byddent wedi manteisio ar y gwendid ar unwaith. Roedd yn bwysig i ni nawr i 'gadw'n harfau'n loyw'.

Y Pendil yn Troi?

Ganol Mai, darllenais adroddiad syfrdanol yn y *Western Mail*. Oherwydd y rhagolygon y byddai prinder dŵr sylweddol yn Ne Cymru yn y saithdegau, roedd cynllun ar droed i adeiladu cronfa enfawr newydd. Dadlennwyd hyn ar ôl cyfarfod o wyth awdurdod dŵr lleol Gorllewin Morgannwg. Byddai'r safle a archwilid yng nghyflifiad afonydd Brianne a Thywi, ryw 12 milltir i'r gogledd o Lanymddyfri. Gallai hyn olygu dileu cynllun Gwendraeth Fach – ond nid oedd yr awdurdodau dŵr yn barod i gadarnhau hynny. Yn ôl adroddiad y papur, dywedodd Iorwerth Watkins, clerc tref Abertawe, 'This is not an alternative to an earlier scheme. This is a new proposal in the light of new circumstances involving a much larger supply. Gwendraeth would not provide sufficient water.'

A hwythau wedi achosi pedair blynedd o ofid a helynt i ni, yr oedd yr awdurdodau ystyfnig a chreulon yn awr yn ystyried yr union gynllun yr oeddem ni wedi'i gynnig iddynt droeon o'r blaen. Ond nid oeddent am gyfaddef eu methiant, serch hynny, na rhoi unrhyw wybodaeth o'u penderfyniad a allai gynnig cysur i ni yn Llangyndeyrn.

Byddai safle cyfan Brianne yn ymestyn i siroedd Caerfyrddin, Ceredigion a Brycheiniog, ardal o tua 32 milltir sgwâr, a phan wnaethpwyd cais i archwilio a thyllu'r tir, roedd yr arwyddion yn edrych yn ffafriol na fyddai gwrthwynebiad gan awdurdodau'r siroedd hynny. Yn wir, mewn cyfarfod o Gyngor Sir Ceredigion dywedwyd na fyddai ganddynt hwy wrthwynebiad, a chredent na fyddai'r datblygiad yn amharu dim â natur y wlad o gwmpas, ac y byddai cyfleusterau pysgota a hwylio yn atynfa sicr i ymwelwyr. Yr oedd hyd yn oed Bwrdd Afonydd De-orllewin Cymru wedi dweud pe diogelid cyfleusterau pysgota yn afon

Tywi, y byddent yn barod i drafod cynllun Brianne gydag awdurdodau Gorllewin Morgannwg.

Roedd yn dechrau dod i'r amlwg fod y pendil yn troi er mantais i ni. Erbyn hyn dadleuai swyddogion cynghorau y tu allan i Langyndeyrn fanteision Tywi a Brianne – er enghraifft, oherwydd dyfnder y dirwedd yno, ni fyddai'n rhaid difrodi mwy na 375 o erwau o gymharu â 1,000 o erwau yng nghwm Gwendraeth, a byddai Brianne yn dal 6 miliwn o alwyni o ddŵr, lle na ddaliai Gwendraeth fwy na 4.9 miliwn o alwyni.

Aeth tri mis arall heibio heb unrhyw ymyrraeth. Ond, yn dilyn neges gyfrinachol a dderbyniais, galwyd cyfarfod cyhoeddus yn Llangyndeyrn nos Lun, 31 Awst. Fel hyn y bu. Roeddwn yng nghyfarfodydd Undeb Bedyddwyr Cymru yn Aberdâr pan dderbyniais neges i ffonio gartref ar unwaith. (Cefais alwad debyg i hon pan oeddwn yng nghyfarfodydd yr Undeb yn Nolgellau y flwyddyn gynt!) Dywedodd fy mhriod wrthyf fod dyn wedi ffonio Bro Dawel a dweud wrthi bod ganddo neges bwysig i'w rhoi i mi. Gadawodd ei rif ffôn a gofyn am imi gysylltu ag ef yn ddi-oed. Ffoniais ef. Dywedodd bod ei neges yn un hollol gyfrinachol, a phwysodd arnaf i beidio datgelu ei enw i neb. Newyddiadurwr ydoedd, yn byw y tu allan i Abertawe, a fu yng nghwmni gwŷr Abertawe pan glywodd bod y gorfforaeth yn trefnu ymosodiad arall ymhen deng niwrnod. Cyn gorffen y sgwrs talodd deyrnged i ni am ein safiad dewr, a dywedodd ei fod ef, a'i gymrodyr yn y wasg, yn edrych ar Langyndeyrn, y pentref bach dan warchae, fel 'little Malta'.

'Ni allwn anwybyddu unrhyw si,' meddai Islwyn Thomas wrth y gynulleidfa, 'ac ni ddylem laesu dwylo o gwbl.' Gobeithiai y byddem yn dathlu buddugoliaeth cyn hir. Soniodd iddo ef a'r Cadeirydd fynd i fyny i flaenau Tywi, ac wedi gweld addasrwydd y lle i adeiladu cronfa ddŵr, teimlodd y ddau yn weddol hyderus y buasai synnwyr cyffredin yn siŵr o gario'r dydd yn y diwedd, a gorfodi Abertawe i fynd yno, a gadael llonydd i Langyndeyrn. Yn y cyfamser, roedd wedi bod mewn cysylltiad ag 'ysbïwr swyddogol' Llangyndeyrn yn Abertawe ynglŷn â'r

neges a dderbyniais i, ond ni wyddai'r person hwnnw ddim
am ail ymosodiad. (Maes o law, daethom i wybod nad oedd
unrhyw sail i'r rhybudd a dderbyniais gan y newyddiadurwr,
er nad oedd ganddo ond y bwriad cywiraf i geisio'n helpu ni
yn ein hymgyrch.) Hysbyswyd y pwyllgor gan Meurig Voyle,
ar ran Undeb Amaethwyr Cymru, bod Abertawe wedi gwneud
cais i gael archwilio rhagor o dir yn ardal Rhandir-mwyn, a
bod hynny'n arwydd gobeithiol, ac ategodd Harry Lloyd ei fod
yntau o'r farn y byddai Abertawe yn tynnu eu cyrn i mewn
oherwydd y 'show go ddrwg' a wnaethant yn eu cyfarfod gyda
ni fis Chwefror. Ond rhybuddiodd Arwyn Richards y dylem
fod ar ein gwyliadwriaeth o hyd, a chytunwyd i gadarnhau ein
cynlluniau amddiffyn.

Cytunodd Dewi Thomas ag ef, a soniodd ei fod wedi gweld
dyn a edrychai'n amheus iawn yn cerdded o gwmpas y lle â
bwndel o ddogfennau dan ei gesail. Bob hyn a hyn arhosai'n
stond, edrych o'i gwmpas, ac yna syllu ar ei ddogfennau.
Dywedais fy mod innau wedi gweld yr un dyn yn mynd heibio
i Fro Dawel, ac i mi fynd ar ei ôl a gofyn iddo beth oedd ei
neges. Esboniodd ei fod yn gweithio i'r Ordnance Survey, a
dangosodd ei gerdyn adnabod i mi. Nid oedd a fynno o gwbl ag
Abertawe, gwaith a oedd yn cael ei gyflawni'n achlysurol oedd
hwn ar ran y Llywodraeth. Ar unrhyw achlysur arall, mae'n
siŵr y buasai'r hanesyn bach hwn wedi peri chwerthin am ben
dau mor ddiniwed a drwgdybus, ond o gofio'n hamgylchiadau
pryderus ar y pryd, nid oedd neb yn y cyfarfod wedi gwenu,
hyd yn oed!

Dathlu'r Fuddugoliaeth

O ND ROEDD GWÊN lydan ar wyneb pob un o'r aelodau y tro nesaf y cyfarfu'r Pwyllgor Amddiffyn. Cyfarfyddem o dan amgylchiadau hapus iawn, meddai'r Cadeirydd, 'roedd y cymylau duon a fu uwch ein pennau ers pedair blynedd wedi gwasgaru, ac roedd y ffordd yn olau unwaith eto.' Credai'n bendant bod y cwm yn ddiogel yn awr. Daeth yr amser i symud y rhwystrau wrth y gatiau, i ddatgloi'r cloeon a rhyddhau'r cadwyni. Soniodd bod cwmni teledu TWW wedi gofyn pryd fyddai hyn yn digwydd am eu bod yn awyddus i ffilmio'r amgylchiad.

Cafodd nifer ohonom gyfle i siarad yn y pwyllgor, a byrdwn pob un ohonom oedd cymaint oedd ein diolch am y waredigaeth, ac am bob ymdrech a chefnogaeth a gawsom gan bobl y tu fewn i'r cwm a thu allan. Soniwyd am Gyngor Gwledig Caerfyrddin a fu'n hynod, hynod gefnogol i ni, pan oedd cynghorau eraill yn gwegian, ac a aeth i gost sylweddol iawn wrth gyflogi peirianwyr i archwilio blaenau Tywi ar ein rhan; cydweithiodd swyddogion o Undeb Amaethwyr Cymru ac Undeb Cenedlaethol yr Amaethwyr gyda'i gilydd yn frwd a chydwybodol; gweithiodd Pwyllgor Amddiffyn Llangyndeyrn yn Abertawe yn effeithiol yng nghadarnle'r bygythwyr; bu gohebwyr y wasg, y BBC a TWW yn dilyn ein hanes yn eiddgar ar hyd yr amser, ac ni welsom un ohonynt yn datgelu'r un gyfrinach a roddwyd iddynt yn gynamserol; ysbrydolwyd ni gan y cannoedd a anfonodd lythyrau a negeseuon ffôn o bob rhan o Gymru a thu hwnt; bu ein swyddogion a'n haelodau o'r Pwyllgor Amddiffyn yn eithriadol o unol a gweithgar; a rhoddodd pentrefwyr Llangyndeyrn a'r gymdogaeth ehangach eu ffyddlondeb a'u teyrngarwch i ni.

Dywedais wrthynt fod y Cadeirydd a minnau wedi bod yn ystyried sut y byddem yn dathlu'r fuddugoliaeth, a'n bod yn credu mai'r ffordd orau fuasai cynnal Cwrdd Diolchgarwch yn y pentref. Gallem gyflwyno bryd hynny'r £400 a oedd yn weddill yn y gronfa o roddion gan garedigion i drefnydd Ymgyrch Ymchwil Cancr. Gellid hefyd wahodd y wasg a'r cyfryngau i'r amgylchiad. Cymeradwyodd Islwyn Thomas y syniad, a dywedodd bod ei eglwys ef ym Mhorthyrhyd wedi cynnal Cwrdd Diolchgarwch pan arbedwyd y pentref hwnnw rhag ei ddifrodi ar ddechrau'r helynt. Credai bod nawdd dwyfol wedi bod drosom yn Llangyndeyrn, ac er nad oedd chwerwedd yn ein calonnau yn erbyn Abertawe, roedd yn bwysig i ni ddathlu'r waredigaeth mewn modd teilwng. Synnwyd rhai ohonom pan ddywedodd Ifor Kelly, Tŷ'r Steps, nad oedd yn cytuno â chynnal cyfarfod o'r fath. Siaradodd y Parch. G. Harries, Crwbin, wedyn gan ddweud nad oedd yntau am fod yn rhan o stynt o'r fath, a'i fod yn dadlau ar dir diwinyddol na ddylem ofyn am nawdd Duw fel yr arferai brenhinoedd wneud yn ystod cyfyngderau rhyfel. Ni allai fod yn bresennol pe cynhelid Cwrdd Diolchgarwch. Dywedodd y Parch. Alun Williams, ficer Llangyndeyrn, na allai ef fod yn bresennol ychwaith.

Wedi meddwl am funud beth i'w ddweud ar ôl cael siom a sioc yn gymysg, dywedais nad oeddwn am groesi cleddyfau â hwy, ond credwn fod gennym achos i ddiolch, bod ysbryd Crist wedi llanw'r fro gysegredig a'n bod wedi ymladd yn ddi-drais ar egwyddor Gristnogol, heb ddangos unrhyw gieidd-dra. Cododd William Thomas ar ei draed â thipyn o fflam yn ei galon. 'Wel,' meddai, 'rwyf wedi fy synnu'n fowr. Rown i'n credu y bydden ni'n hollol unfrydol ar hyn. Nid stynt yw cynnal Cwrdd Diolchgarwch!' Cyfaddefodd Arwyn Richards nad oedd yn ddiwinydd, ond bod yna rywbeth yn ei galon yn galw arno i ddiolch. Cyfeiriodd at yr Ysgrythur sy'n sôn droeon am bobl drwy'r canrifoedd yn diolch i Dduw am waredigaeth. Byr, ond cynhwysfawr, oedd cyfraniad Dewi Thomas: 'Rydyn ni'n cynnal cyfarfodydd diolchgarwch i ddiolch am y cynhaeaf bob blwyddyn,' meddai. 'Oni bai am ein safiad fydde dim pwrpas i ni ddiolch yng nghwm Gwendraeth Fach yn y dyfodol, achos fydde na ddim cynnyrch i'w gynaeafu o dan lyn o ddŵr.' Siaradodd Elwyn Jones hefyd o blaid cynnal y cyfarfod. Yn ystod y rhyddymddiddan awgrymodd y Parch. Alun Williams y dylai eglwysi'r ardal gynnal Sul o Ymgysegriad, a hynny yn eu capeli a'u heglwysi eu hunain. Daeth y drafodaeth i ben drwy bleidlais yn cymeradwyo'r syniad. Ond yr oedd rhai ohonom yn siomedig iawn â'r trefniant digyswllt hwn. Dylem fod yn dathlu i gyd gyda'n gilydd.

Pan gyfarfu'r Pwyllgor Amddiffyn ar Fehefin 18, 1965 dywedodd y Cadeirydd, i gymeradwyaeth yr aelodau, y byddai'r Ysgrifennydd, maes o law, yn ysgrifennu hanes brwydr Llangyndeyrn i'w gyhoeddi'n llyfr. Dywedais fod rhai ohonynt wedi sôn wrthyf eu bod yn tybio fy mod wedi croniclo holl drafodaethau'r pwyllgorau dros gyfnod o bedair blynedd mewn llaw-fer, oherwydd bod manylion y cofnodion a ddarllenwn iddynt mor fanwl a chynhwysfawr. Ond ni wyddwn ddim am y grefft honno. Diolchais iddynt am ymddiried imi'r gwaith o ysgrifennu'r hanes ac y byddai'n bleser crynhoi at ei gilydd holl benodau'r frwydr y buont hwy yn rhan mor allweddol ohoni.

Yna darllenais iddynt gynnwys llythyr a dderbyniais y bore hwnnw, llythyr a'm siomodd i, ac un a fyddai'n siŵr o siomi'r pwyllgor:

Dear Sir,

At a meeting of the Llangyndeyrn Women's Institute held at the Church Hall on Tuesday, June 15, the following resolution was passed. The members of the above Institute, whilst appreciating the services of the Defence Committee, and especially the Chairman and Secretary, in their effort to save Llangyndeyrn and district from being flooded, are of the opinion that it is rather premature to have celebrations, and are also of the opinion that if any celebrations are held, they should be local and with as little publicity as possible. The feeling is that a large number of the people in the locality would be in favour of having no celebrations, save that of rewarding the services of the Chairman and Secretary.

All present were in favour of the above resolution, except for two members who refrained from voting.

Ar ôl ychydig o fân siarad yn ein mysg, cynigiodd Arwyn Richards y byddai'n beth da pe bai'r Cadeirydd yn ymweld â'r gangen leol ac yn egluro'r sefyllfa iddynt. Eiliwyd y cynnig ac arwyddodd William Thomas ei fodlonrwydd i'w cwrdd. Ond roedd yn rhaid i mi ddweud wrthynt na fyddwn i byth yn meddwl gwneud hynny; ein gwaith ni oedd parhau â'n penderfyniad i ddathlu ein buddugoliaeth. Gwelwn fod William Thomas, fel minnau, hefyd yn siomedig pan ddywedodd ei fod wedi siarad â gŵr go bwysig yn ddiweddar, a bod hwnnw wedi dweud wrtho, 'Fe gewch chi weld mai wedi ennill y frwydr y cewch chi'r anawsterau mwyaf.'

Fy Mhwyllgor Olaf

Er bod pwysau gwaith y Pwyllgor Amddiffyn wedi ysgafnhau'n fawr erbyn hyn, roedd y cyfnod hwn yn un prysur iawn i mi a'm priod. Gan fy mod wedi ymddeol o waith y Weinidogaeth, roedd yn rhaid i ni drefnu symud o'r mans yn Llangyndeyrn, a phenderfynodd y ddau ohonom ymgartrefu yn Aberdâr, bro fy mebyd. Buaswn wedi symud llawer ynghynt, ond nid oedd modd gwneud hynny â gwaith gwarchod Llangyndeyrn heb ei orffen. Cymysglyd iawn oedd fy nheimladau wrth feddwl am ymadael â'r ardal hyfryd a'i phobl ddymunol, achos ffurfiwyd cymdeithas glós iawn rhyngom. (Nid oedd yn hawdd gollwng gafael ar fy nwy eglwys hefyd, y Tabernacl, Pontyberem, y bûm yn weinidog arni am ddeugain mlynedd, a Bethel Llangyndeyrn, a phrofais hi'n haws eu hysbysu pan oeddwn ar fy ngwyliau yng Nghernyw.) Roeddwn yn gwybod hefyd bod teimladau tebyg ymhlith aelodau'r pwyllgor am fy mod yn ymadael â nhw. Pwysodd un gŵr o'r ardal arnaf i ailystyried fy mhenderfyniad ac addawodd godi tŷ neu fyngalo i ni pe arhoswn yn Llangyndeyrn.

Cyfarfu'r Pwyllgor Amddiffyn am y tro olaf ar 26 Gorffennaf 1965 pryd cyfeiriodd nifer at fy ymadawiad. 'Dw'i ddim yn gwbod beth fydden ni wedi'i wneud heb Mr Rees,' meddai'r Cadeirydd. 'Rhaid i fi ddweud, nad oedd neb yn y lle 'ma a alle fod wedi neud y gwaith a wnath e. Rydyn ni yn ei ddyled yn fowr iawn. Buon ni'n cydwitho'n hapus iawn gyda'n gilydd. Bydden ni'n falch pe bydde fe a Mrs Rees yn aros gyda ni, ond rwy'n siŵr, yn ei funude tawel yn Aberdâr, bydd ganddo fe lawer o atgofion am y frwydyr fowr, wrth iddo fe edrych ar y llyfre *cuttings* sy ganddo fe.' Eiliodd Dewi Thomas eiriau ei dad gan ddweud, 'Anghofia i byth y gefnogeth a'r ysbrydolieth a roddodd e i fi pan ymosododd Abertawe arnom y tu fas i gatie Glan'rynys.' Wrth ddiolch i mi am fy ngwaith, dywedodd y Parch. Alun Williams, 'Mae'n rhyfedd i feddwl ei fod wedi ymdrechu cymaint i achub cwm Gwendraeth Fach, a bod ganddo yntau ddim tir o gwbl i'w golli, fel eraill yn y dyffryn.'

Ar ôl i eraill ddatgan eu gwerthfawrogiad, diolchais iddynt am eu geiriau caredig, a chanmolais eu ffyddlondeb, eu hunoliaeth a'u teyrngarwch. 'Bu'n frwydr faith a chaled,' meddwn. 'Roedd yn dda ein bod wedi torri'r gyfraith er mwyn achub y cwm. Bydde lle difrifol yma oni bai i ni wrthwynebu mor daer. Fyddwn ni fel teulu yn flin iawn i ymadael â Llangyndeyrn ar ôl naw mlynedd hapus yn eich plith. Treuliodd y Cadeirydd a minnau oriau lawer yng nghwmni ein gilydd wrth gynllunio'r ymgyrch, a rhaid cyfadde i sŵn corn ei gar sbwylio fy mrecwast lawer gwaith pan fyddai'n galw heibio ar ei ffordd i bwyllgora yng Nghaerfyrddin. Buom yn cydweithio'n hapus gyda'n gilydd, ac ni wnaethon ni un camgymeriad, tra gwnaeth Abertawe lawer ohonynt.' Wrth ddiweddu rhoddais deyrnged i'm priod am ei llafur a'i hamynedd. Gwelodd y pantri yn gwacáu sawl tro wrth iddi hulio bord y gegin i ymwelwyr, gan fod cymaint o fynd a dod wedi digwydd ym Mro Dawel, pan oedd yn bencadlys answyddogol y frwydr.

Treuliwyd gweddill y cyfarfod yn trafod syniadau ar gyfer dydd y dathlu, sef dydd Sadwrn, 14 Awst. Erbyn hyn roedd y pwyllgor wedi newid ei farn am ddathlu ar wahân yn ein gwahanol eglwysi, a chytunwyd y byddai'n fwy gweddus i gynnal Cyfarfod Dathlu o Ddiolchgarwch gyda'n gilydd, gyda the i ddilyn. Dewiswyd chwech i siarad yn y cyfarfod – G. G. Thomas, Peiriannydd Cyngor Gwledig Caerfyrddin, Harry Lloyd, Ysgrifennydd Undeb Cenedlaethol Amaethwyr Sir Gaerfyrddin, I. Emlyn Thomas, Undeb Amaethwyr Cymru, Y Fonesig Megan Lloyd George, A. S., y Cynghorydd William Thomas a minnau. Gan na fyddai'r Parch. Alun Williams yn bresennol, dan brotest, dewiswyd John Smith, aelod o'r Eglwys, i gyhoeddi'r emynau, minnau i ddarllen darn o'r Ysgrythur, y Parch. Victor Thomas, gweinidog Soar, Pontyberem a Salem, Llangyndeyrn, i offrymu gweddi, y Parch. E. Bryn Jones, Bethlehem, Porth-y-rhyd i gyhoeddi'r Fendith a William Gealy Y.H., Porth-y-rhyd i arwain y canu.

Trefnwyd y byddai dwy seremoni fer yn digwydd, sef cyflwyno siec o'r arian a dderbyniwyd i gynorthwyo'r Pwyllgor Amddiffyn i'r Cyrnol Ralph Tucker, trefnydd rhanbarthol yr Ymgyrch yn Erbyn Cancr, a chyflwyno rhodd yr un i Gadeirydd ac Ysgrifennydd y Pwyllgor Amddiffyn.

Parhaodd y cyfarfod tan un ar ddeg o'r gloch yr hwyr. Roeddwn yn symud i Aberdâr yn gynnar fore trannoeth!

Ymhen rhai dyddiau ymwelodd William Thomas a John Smith â mi yn fy nghartref newydd (yr oeddwn wedi'i enwi yn 'Gwendraeth' gan i mi fyw cyhyd yn y ddau gwm â'r enw hwnnw), gan ofyn i mi drefnu carden ar gyfer dydd y dathlu. Pleser o'r mwyaf oedd gwneud hynny, a threfnais y gwaith argraffu yn Aberdâr.

Dydd y Dathlu

Roedd yn ddiwrnod mwyn a heulog pan gyrhaeddodd ein teulu o bedwar sgwâr Llangyndeyrn ar ddydd y dathlu. Ar ôl siarad â hwn a'r llall, a chael croeso twymgalon ganddynt, synnais, pan gyrhaeddais y lawnt o flaen y neuadd, i weld y ficer, y Parch. Alun Williams, yno, gan iddo ddweud na fyddai'n bresennol. Roedd yn dda gennyf ei weld, ond roedd yn rhaid newid trefn y cyfarfod nawr er mwyn rhoi cyfle iddo i gymryd rhan. Yn rhyfedd iawn derbyniais neges nad oedd y Parch. Bryn Jones yn medru dod i'r cyfarfod fel y dymunai, a rhoddodd hynny gyfle i mi ofyn i Alun Williams a fyddai mor garedig â rhoi un o'r emynau allan a chyhoeddi'r Fendith yn ei le. Cytunodd yn garedig a pharod â'r cais.

Daeth cynulleidfa luosog ynghyd erbyn dau o'r gloch, a chan ei fod yn ddiwrnod mor hyfryd, penderfynwyd cynnal y gwasanaeth yn yr awyr agored. Yno, mewn awyrgylch tangnefeddus ar y lawnt o flaen y neuadd, aeth y gwasanaeth rhagddo'n hwylus.

Daeth y cyfle i mi ddiolch i bawb a fu mor deyrngar yn eu hymdrech ddewr
(Llun: *Carmarthen Times*)

Disgrifiodd y Parch. Jacob Davies ddigwyddiadau'r prynhawn yn *Y Cymro* o dan y pennawd 'Llangyndeyrn yn Wers i Gymru':

Cwrdd Diolchgarwch crefyddol a drefnwyd i agor dathliad llwyddiant trigolion Llangyndeyrn i gadw Cwm Gwendraeth Fach rhag ei foddi gan Gorfforaeth Abertawe ac Awdurdodau Lleol Gorllewin Morgannwg ddydd Sadwrn diwethaf.

Ni chafwyd yr un gair sur na'r un ymadrodd edliwgar gan un o'r siaradwyr na'r brwydrwyr buddugoliaethus, a daethom ninnau oddi yno yn llawn diolchgarwch am fod gweriniaeth wâr a bonheddig yn dal i fod yn rym yn ein gwlad o hyd.

Adnewyddwyd ein ffydd fod achos da o dan arweinyddiaeth ddoeth, gyda chefnogaeth unol y bobl o'r tu ôl iddo, yn rhywbeth anorchfygol o hyd. Iawn y dywedodd cynrychiolydd Undeb Amaethwyr Cymru fod Llangyndeyrn yn 'wers i Gymru gyfan'.

Ychwanegodd y Fonesig Megan Lloyd George fod hanes yr amddiffyn yn y fro 'yn rhywbeth pwysig yn hanes Prydain a Chymru', ac meddai, wrth gyfeirio at Abertawe yn ildio, 'Credwn y bydd y penderfyniad yma yn fendith i bawb, i'r fro, i'r amaethwyr ac o fendith i Abertawe – hwythau yn Gymry hefyd – oherwydd am y tro cyntaf fe fydd yn bosib iddyn nhw i gael digonedd o ddŵr.'

Roedd hi'n ddiwrnod braf o dan lasgoed ffin y fynwent yn y pentref hardd hwn a rhyw ddau gant o ardalwyr hapus yn wên i gyd wrth gofio troeon yr yrfa a'r digwyddiadau cynhyrfus a fu'n ysgwyd y fro am dros bum mlynedd.

Y Cynghorydd William Thomas ar bwys ei ffon, Cadeirydd yr Amddiffyn, oedd wrth y llyw, gŵr â'i benderfyniad yn ddi-ildio; y Parchedig W. M. Rees, gweinidog y Bedyddwyr lleol hyd at ychydig fisoedd yn ôl pryd yr ymddeolodd, o'r tu cefn iddo, y craffaf a'r medrusaf o drefnwyr a gafodd un mudiad erioed.

Aeth ein cof yn ôl at ddyddiau mawr y frwydr, dydd archwiliad y tir pan oedd pob enaid byw yn y lle yn sefyll tu ôl i'r ddau yma, a phob bwlch ac adwy wedi ei gau a'i gloi yn erbyn y darpar-ormeswyr.

Cofiem hefyd am y cyfarfodydd cyhoeddus a drefnwyd, fel trefnu byddin i'r gad, a chofiwn am gael y fraint o eistedd yn y cyfrin-gyngor a drefnai symudiadau cyfrwys i lethu'r gelyn ar bob cam.

Rhai o aelodau'r Pwyllgor Amddiffyn ar ddydd y dathlu

Y pentrefwyr buddugoliaethus

Cofio a wnaeth y Parch. W. M. Rees wrth annerch y dorf yr enillodd hawl i fod yn frenin arni. 'Oni bai am y gwrthwynebiad,' meddai, 'fe fyddai Llangyndeyrn mewn helbul mawr erbyn hyn. Ein gwrthwynebiad cytûn ni sydd wedi atal y llifeiriant rhag ein boddi.'

'Bu'n frwydr faith er pan agorais y papur ryw fore dros bum mlynedd yn ôl a gweld map o'r cynllun, cynllun i'n boddi a oedd i'w roi ar waith heb holi am ein barn na'n caniatâd.'

'Bu raid i ni dorri'r gyfraith am ei bod yn gyfraith ddrwg a gorfod i ni sefyll ein tir yn erbyn y gwŷr pwysig a oedd yn darogan methiant ac yn erbyn ynadon a oedd yn darogan barn.'

'Nid â'r dyddiau hynny byth yn angof yn y fro, a diolchwn i bawb a safodd gyda ni; diolchwn yn arbennig i'r wasg a fu o'n plaid o'r dechrau, a buom yn rhyfeddol o ffodus i gael cydymdeimlad y papurau a'r cwmnïau teledu.'

'Roedd rhai yn dweud, "Beth well ych-chi o sefyll?", ond ni allem ildio am mai brwydr gyfiawn oedd hon, brwydr y gwan yn erbyn y cryf, brwydr Gristnogol i gadw cartrefi'n gwlad; fe safwyd a daeth llwyddiant.'

Cyfansoddodd Mr Rees emyn arbennig, a hwn a ganwyd ar Dôn y Botel i agor y Diolchgarwch:

Rhoddwn foliant iti Arglwydd
   Am dy waredigol waith,
Ti a fuost yn dy gariad
   Yn ei harwain ar ein taith;
Myrdd myrddiynau fu'n dy ganmol
   Gyda diolch lond eu cân –
Am d'arweiniad mewn anialwch
   Yn y Golofn Niwl a Thân.

Ti a fuost yn breswylfa'n
   Tadau yn y dyddiau fu,
Gwaith dy law a'n cadwodd ninnau
   'Nghanol cyfyngderau lu;
Derbyn ddiolch ein calonnau
   Am bob gras a roddaist Ti,
Ac am Drefn yr Iachawdwriaeth
   Drwy dy Fab ar Galfarî.

Cyfeiriodd Mr Thomas at y gefnogaeth ymarferol a gafwyd o bellterau'r byd ac arian mân a mawr yn llifo i goffrau'r Gronfa o bedwar cyfandir; cafwyd coron, meddai, gan ryw hen ŵr o Madison Heights, Boston, U.D.A.

Nid oedd angen y Gronfa mwy, a'r frwydr heibio, ac yr oedd y Pwyllgor Amddiffyn wedi penderfynu o'r dechrau y byddai unrhyw weddill yn cael ei drosglwyddo i achos da...

Canwyd 'Hen Wlad fy Nhadau' i orffen, ac wrth ymadael am y te-parti yn y neuadd, yr oedd un o'r ffermwyr yn troi at gymydog a dweud, 'Mae'n dda iddi ddala'n sych' – hyn hefyd oedd barn pawb wrth feddwl am gartrefi a ddiogelwyd rhag dilyw'r dŵr!

(Gwridaf am fod yr adroddiad hwn, a rhai eraill, wedi rhoi cymaint o sylw i'r hyn a ddywedais i y prynhawn hwnnw, a chyn lleied o le i'r siaradwyr eraill. Yn anffodus, nid oes modd i mi wneud iawn am hynny yn awr oherwydd, o dan amgylchiadau'r dydd, pan safem ar ein traed yn yr awyr agored, nid oedd gennyf y cyfleuster i groniclo eu hareithiau fel yr oeddem yn medru'i wneud yn y pwyllgorau.)

Gan mai prynhawn Sadwrn ydoedd, cymharol denau oedd cynrychiolwyr y wasg yn y cyfarfod. Er hynny, ymddangosodd colofnau lawer o storïau yn y papurau yn dilyn ein buddugoliaeth. Meddai Clem Thomas yn y *Carmarthen Times*:

Now that the villagers are confident of victory over those who were legally plundering their homes, it is time for us to recognize their victory. The whole of Wales, indeed, without being melodramatic, democrats everywhere, owe these villagers a debt they can never repay. This is one of the extremely rare occasions when the ordinary people have beaten power blind bureaucracy to a frazzle. Perhaps now that the mad scheme to needlessly drown the village is at an end, the full dramatic story of the villagers' fight will be told.

Cloriannu

Roeddwn wedi bod yn rhy agos i'r ymladd i allu cloriannu gwir arwyddocâd y frwydr yn union ar ôl dathlu'r fuddugoliaeth, ond daeth geiriau'r cyfreithiwr a'r sylwebydd gwleidyddol craff, Gwilym Prys Davies, i'r adwy yn ei ysgrif *Yng Nghof Radicaliaeth: Brwydr Gwŷr y Cambrian a Llangyndeyrn* yn *Arolwg 1965*:

Dros ganrif yn ôl, draw yng ngorllewin Cymru, roedd gwerin o dyddynwyr truenus o dlawd yn gwingo. Roedd Becca'n chwalu wyrcws Caerfyrddin, yn llosgi cestyll gorthrwm ac yn duo'r ffurfafen. Rhyw bythefnos yn ôl, yn yr union fro, roedd pobl Llangyndeyrn yn ymgynnull mewn cwrdd diolchgarwch i Dduw am gadw Cwm Gwendraeth rhag ei foddi gan Gorfforaeth Abertawe. Yn y cwrdd syml hwn llefarodd y Parch. W. M. Rees frawddeg sydd i'm barn i yn un o frawddegau mwyaf golau a dwfn y chwarter canrif ddiwethaf:

'Bu raid i ni dorri'r gyfraith am ei bod yn gyfraith ddrwg, a gorfod i ni sefyll ein tir yn erbyn gwŷr pwysig a oedd yn darogan methiant, ac yn erbyn ynadon a oedd yn darogan barn.'

Mae'r ffaith bod trigolion di-nod Llangyndeyrn – heb unrhyw symbyliad nac arweiniad o'r tu allan i'r gymdogaeth – wedi gwrthsefyll yr hyn a gredent hwy yn angerddol ei bod yn 'gyfraith ddrwg', wedi gwrthsefyll 'dynion pwysig' ac 'ynadon a oedd yn darogan barn' yn braw bod cnewyllyn radicaliaeth eto'n fyw yn y tir.

Wrth edrych ar hanes ein gorffennol gwelwn fod i'r gair 'radicaliaeth' ddau ystyr. Yn gyntaf, golyga nad oes nac awdurdod, na sefydliad, na barn, na safbwynt yn y byd hwn yn medru hawlio arwyddocâd absoliwt y dinesydd. Nid oes dim byd daearol a dynol yn anffaeledig. Dyna hanfod neges Morgan Llwyd, Vavasor Powell, John Jones, Maesygarnedd, Tomos Glyn Cothi a chewri rhyddfrydiaeth y 19 ganrif. Golyga hefyd ffurf ar weithgarwch yn codi allan o fall y gymdeithas: bod y dinesydd cyffredin yn gweithredu yn enw golwg ddelfrydol ar gymdeithas, hyd yn oed yn erbyn y gymdeithas ei hun.

Dyna a welwyd ym Merthyr ym 1831, yn Llangyndeyrn yn nyddiau Becca, ym mlaendiroedd Morgannwg a Mynwy yn y ganrif ddiwethaf, a phan lifodd gwaed yn goch ar strydoedd Casnewydd, ffurfiad Ffederasiwn y Glowyr, 1898, brwydrau gwleidyddol 1906 a 1945. Dyna sydd wedi dod lawr i ni o'r gorffennol. Mae'n amlwg bod Cymru wedi cael bendithion a daioni allan o'r ddreif radicalaidd.

Ond rhaid pwysleisio bod llawer o'r radicaliaid Cymreig wedi tynnu nerth ei radicaliaeth allan o'u sicrwydd o Dduw ac allan o'u sicrwydd am ystyr bywyd. Mewn oes ddi-Dduw a gweddol gyfforddus ei byd fel heddiw ofnir yn aml fod radicaliaeth Cymru hithau wedi mynd yn rhy feddal i chwarae unrhyw ran o werth ym mywyd Cymru fodern. Ofnir fod radicaliaeth wedi ei chaethiwo yn rhy gaeth wrth fformiwlâu meirw. Ofnir fod radicaliaeth erbyn hyn wedi ei gwacáu o'i hystyr a'i bod yn syrthio'n fflat. Gan hynny y mae'r hanes o Langyndeyrn – a hanes hynod Brewer-Spinks, i raddau llai, efallai – yn hwb i'r galon. Yn Llangyndeyrn ac ym Mlaenau Ffestiniog cynhyrfwyd bro gyfan a chododd protest nerthol allan o ewyllys y bobl eu hunain a lloriwyd y 'dynion pwysig'.

Bid siŵr, nid yw anghrediniaeth a moethusrwydd y bywyd modern wedi treiddio'n rhy ddwfn yn y ddwy gymdogaeth hyn; mae'r ddwy fuddugoliaeth yn sail i'r sawl a fyn obeithio.

Os mai stori am bobl gyffredin yn trechu biwrocratiaeth bwerus, ddall oedd hanes brwydr Llangyndeyrn, nid oedd Abertawe am gydnabod hynny o gwbl. Yr oeddent yn rhy stwbwrn a gwargaled i gyfaddef iddynt golli. Ymddangosodd adroddiad yn y *Carmarthen Times* Awst 20 1965 yn sôn am ein Cyfarfod Diolchgarwch. Ar yr union dudalen, heb unrhyw gysylltiad â stori'r dathlu, roedd yna adroddiad arall yn sôn bod y gwaith o greu cronfa ddŵr newydd ym mlaenau Tywi (Brianne) wedi dechrau ar safle oedd lai na 30 milltir i'r gogledd o Langyndeyrn.

Ym mis Ebrill 1966 ymddangosodd erthygl yn y *Western Mail* yn sôn bod awdurdodau Gorllewin Morgannwg bellach yn bwriadu adeiladu cronfa ddŵr ym mlaenau Tywi (Brianne) am ei fod yn safle addas. Yn ôl Richard Lillicrap, nid oedd a fynno hynny ddim byd â'r gwrthwynebiad a gawsant yng nghwm Gwendraeth Fach. Teimlais ei bod hi'n ddyletswydd arnaf i wrthddweud y fath honiad celwyddog, ac ysgrifennais y llythyr hwn i olygydd y papur:

Dear Sir,

It has been reported on more than one occasion in the *Western Mail* that the Swansea Corporation have abandoned their scheme of drowning the Gwendraeth Fach valley and have directed their attention to exploring the upper reaches of the Tywi, owing to the fact that the Gwendraeth would be unable to supply them with sufficient water.

This is surely incorrect, for Swansea, without hesitation whatsoever, was bent on drowning the valley which lies between Llangyndeyrn and Porth-y-rhyd.

Were it not for the strategy of the Defence Committee, the solid determination and the resolute passive resistance of the residents of Llangyndeyrn, the reservoir would by now be half-way towards completion.

When the whole story of the affair is written the public will be able to read how the Hitlerite intentions of the West Glamorgan Authorities were thwarted by the peaceful, but determined, people of Llangyndeyrn.

W. M. Rees (Rev)
Former Secretary of the Defence Committee

Cefais y fraint yn ystod 1966 o ymweld â nifer o fannau yn Sir Drefaldwyn. Gwahoddwyd fi yno i annerch cyfres o gyfarfodydd am fod Bwrdd Dŵr Hafren am foddi nifer o gymoedd yn yr ardal. Roedd yn dda gennyf weld y penderfyniad cadarn ymhlith y trigolion i wrthwynebu'r fath anrhaith. Dywedwyd bod y bwrdd yn awyddus i fesur a thyllu 29 o lefydd ar y dechrau. Soniodd yn ddiweddarach am 19, ac yn nes ymlaen am 10. Yna daeth y rhif i lawr i 2, ac i fyny drachefn i 8! A thybio mai 8 oedd y rhif terfynol, y mae'n llawer is na 29! Dywedais wrth annerch y cyfarfodydd mai ystryw oedd hwn. Fe welsom un tebyg ar waith pan geisiodd Corfforaeth Abertawe foddi cwm Gwendraeth Fach, meddwn wrthynt. Ar y dechrau 50 miliwn o alwyni'r dydd oedd y galw. Cododd wedyn i 70 miliwn ac yna i 100 miliwn. Ond erbyn y bore y cynhaliwyd y Gwrandawiad Lleol yn Llangyndeyrn, disgynnodd y rhif i lawr i 16.5 miliwn o alwyni. Yn ogystal, clywodd 8 o ffermwyr y cwm na fyddai'r gorfforaeth yn ymyrryd â'u tiroedd. Gobaith y gorfforaeth oedd na fyddai'r gwrthwynebiad mor gryf yn erbyn cynllun llai o faint, a gellid yn hawdd ei ymestyn drachefn ar ôl cael mynediad i'r dyffryn. Ond safodd pentrefwyr Llangyndeyrn yn ddi-ildio.

Dywedais wrth drigolion Trefaldwyn bod y Sais wedi bod heibio iddynt â'i lygad chwenychlyd, ac ni welodd yn yr ardaloedd ond cyfle i ddwyn dŵr. Ni welodd y lleoedd cysegredig. Anwybyddodd iaith a diwylliant y bobl. Roedd yn ddi-hid o'u cartrefi. Cofiodd fod y Cymro wedi ildio Clywedog ac wedi colli Tryweryn, er cymaint o stŵr a wnaeth yno. Oni ddylem nawr godi'n llais fel un gŵr yn erbyn boddi rhagor o gymoedd ein gwlad, a mynnu bod y Llywodraeth yn sefydlu bwrdd dŵr cenedlaethol?

O edrych yn ôl dros gyfnod ein brwydr, ac o gofio'r siomedigaethau a gawsom ar y ffordd, y bygythion creulon a wnaethpwyd, y misoedd ar fisoedd o bryder a brofasom, ynghyd â phwysau'r cyfrifoldeb o annog brwydr ddi-drais a herio cyfraith anghyfiawn, yr oedd un peth a'm calonogodd yn gyson, sef y teimlad nad oeddem yn unig yn ein hymgyrch. Roeddem wedi llwyddo i ennyn cydymdeimlad ac ewyllys da. Gwyddwn fod calon ein cyd-Gymry, yma a thros Glawdd Offa, yn curo'n gynnes o'n plaid. Ar brydiau, cynigiwyd cymorth dwylo parod o'r tu allan i'r dyffryn a oedd yn awyddus i'n cynorthwyo mewn ffyrdd mwy ymosodol a gweithredol. Er i mi werthfawrogi hynny'n fawr, credwn, serch hynny, ei bod yn bwysig i ni gadw arweinyddiaeth y frwydr yn ein gafael drwy'r amser.

Aelodau Pwyllgor Amddiffyn Llangyndeyrn

PAN FFURFIWYD Y Pwyllgor Amddiffyn yn y cyfarfod cyhoeddus a gynhaliwyd yn neuadd yr eglwys ar 26 Mawrth 1960, 12 aelod yn unig a etholwyd, chwech o ardal Llangyndeyrn a chwech o gylch Llanddarog. Wrth i'r ymgyrch fynd yn ei blaen cyfetholwyd mwy o aelodau o ardaloedd cyfagos i wasanaethu arno, ac erbyn diwedd y frwydr yr oedd y rhif wedi codi i 39. Dyma restr gyflawn o'r rheiny a roddodd eu gwasanaeth a'u hymroddiad di-ildio i amddiffyn y cwm:

Y Cynghorydd William Thomas (Cadeirydd),
Y Banc, Llangyndeyrn

Y Parch. W. M. Rees (Ysgrifennydd),
Bro Dawel, Llangyndeyrn

Arwyn Richards, Llandre, Llangyndeyrn

Harry Williams, Panteg, Llangyndeyrn

Huw Williams, Panteg, Llangyndeyrn

Dewi Thomas, Glanyrynys, Llangyndeyrn

Glyn Thomas, Ynysfaes, Llangyndeyrn

David Smith, Bragdy, Llangyndeyrn

John Smith, Swyddfa'r Post, Llangyndeyrn

Eirwyn Davies, Allt-y-cadno, Llangyndeyrn

Ieuan Jones, Tŷ'r Bont, Llangyndeyrn

Y Parch. Alun Williams, Y Ficerdy, Llangyndeyrn

Dewi Jones, Penybanc, Llangyndeyrn

George Rees, Blaenywern, Llangyndeyrn

John M. Evans, Torcoed Isaf, Llangyndeyrn

Tom Davies, Ardwyn, Llangyndeyrn

Elwyn Jones, Brisbane, Llangyndeyrn

Y Parch. Victor Thomas, Soar, Pontyberem

Y Parch. G. Harries, Ebeneser, Crwbin

Ifor Kelly, Tŷ'r Steps, Crwbin

John Jones, Crwbin

Aldred Thomas, Capel, Crwbin

Cyril Isaac, Pont-iets

David Jones, Pont-iets

Y Cynghorydd Tom Evans, Pont-iets

William Davies, Pont-iets

Y Cynghorydd William Evans, Carwe

Basil Phillips, Capel Ifan, Llanddarog

Edryd Richards, Pant y Ffynnon, Llanddarog

William Williams, Gilfach, Llanddarog

Islwyn Thomas Y. H., Porth-y-rhyd

William Gealy Y. H., Porth-y-rhyd

Dewi Jones, Porth-y-rhyd

Y Parch. Bryn Jones, Y Mans, Porth-y-rhyd

Mrs Evans, Brynsych, Pontantwn

Harry Lloyd (NFU), Caerfyrddin

Emlyn Thomas (FUW), Caerfyrddin

Michael Edwards (NFU)

Meurig Voyle (FUW)

Llythyrau Cefnogol

BU DERBYN Y llu llythyrau a negeseuon ffôn yn ystod y frwydr yn galondid mawr. Darllenais rai o'r llythyrau yn achlysurol yng nghyfarfodydd y Pwyllgor Amddiffyn, a gwn i hynny roi llawer o ysbrydoliaeth i ni ddal ati i frwydro'n ddiymollwng. Fel teyrnged i'r cyfeillion hynny dyfynnaf ddarnau o rai ohonynt:

Mor dda oedd clywed eich bod wedi sgrifennu hanes yr amddiffyn yn Llangyndeyrn. Bydd hyn yn gymwynas â Chymru. Gallwn fod yn siŵr y bydd sawl ymdrech eto i foddi cwm, neu ddwyn rhan fawr o'n daear. Bydd yn dda fod wrth law gyfrol a ysbrydola'r amddiffynwyr.

Gwynfor Evans

Tra deil Cymry i sefyll fel Cymry dros eu hawliau, o ba gyfeiriad bynnag y daw'r bygwth, fe ddeil Cymru. Mae eich safiad fel ardal dros eich darn o ddaear yn twymo gwaed pob Cymro.

Huw T. Edwards

A gaf innau, un o drethdalwyr Abertawe, sibrwd gair i'ch cynnal yn eich safiad? Na chaniatewch eich rhoi mewn penbleth gan ddadl yr *Evening Post* heno mai o fewn i Gymru y mae'r cynllun dŵr hwn, a bod pobl Abertawe a Gorllewin Morgannwg lawn cymaint o Gymry â chwithau. Y gwir yw eu bod yn Gymry – hynny yw, yn perthyn i genedl wahanol ar dir Prydain – i'r graddau yn unig y pery mewn bod ar dir 'Wales' rywbeth sydd gennych chwi yng Nghwm Gwendraeth Fach, ond nad oes gennym mohono yn Abertawe nac mewn rhannau cynyddol o Orllewin Morgannwg, sef yr hyn a alwaf fi yn gydymdreiddiad tir Cymru â'r iaith Gymraeg. Pery'r cydymdreiddiad hwn yn unig lle bo pobl ar daen dros eu tir yn byw eu holl fywyd yn Gymraeg. Bydd Cymru'n endid cenedligol gwahanol o fewn i Brydain ac Abertawe felly'n dre Gymreig yn unig tra'r erys o leiaf weddillion y cyfuniad hwn o dir ac iaith ar ôl yng Nghymru. O flaen ein llygaid heddiw y mae'r gweddillion yn crebachu fel llain o hen eira o flaen yr haul. Ymladd i gadw un o'r darnau gweddill mewn bod yr ydych chwi. Na ddychrynwch rhag awdurdodau Abertawe. Y mae gennych yr oesoedd y tu cefn i chwi.

(Yr Athro) J. R. Jones, Abertawe

Diolch i chi am eich llythyr o hanes eich ymgyrch lwyddiannus. Y mae pob tipyn o lwyddiant i fro Gymraeg mewn brwydr yn erbyn diwydiant yn bwysig. Yr oedd gweld Cymry Cymraeg mewn ardal wledig yn herio swyddogion trahaus yn codi fy nghalon yn ddirfawr.

Saunders Lewis

'Rydym fel teulu am ddatgan ein hedmygedd o'ch safiad dewr dros Langyndeyrn, pentre Cymraeg, diwylliedig a Christnogol. Gobeithio yn fawr iawn y llwyddwch yn y diwedd. Dyma gyfraniad bychan i'r gronfa dros y teulu.

D. Gwenallt Jones a'r teulu
18.11.1963

Gair yn unig sydd yma i ddiolch yn ddiffuant i chwi, Mr Rees, yn bersonol am gymryd yr arweiniad, yn gystal i bobl Llangyndeyrn, un ac oll, am sefyll mor gadarn a phenderfynol i amddiffyn eich treftadaeth amhrisiadwy werthfawr, a'ch hawliau cysegredig arnynt.

Yn yr argyfwng enbyd presennol yn hanes Cymru yr ydych drwy eich esiampl wedi gosod cenedl gyfan yn eich dyled.

Y cwestiwn a ddaw i ddyn yn aml yw, gan fod angen sicr o ddŵr o rywle, pam na fyddai Corfforaeth Abertawe yn ddigon ymarferol a phell ei welediad i ofyn am yr hawl i gronni dyfroedd blaenau Tywi, heb orfod symud odid neb o'i gynefin, yn gystal â chael mwy o gyflenwad dŵr, ac ar yr un pryd achub tref Llanymddyfri rhag y perygl o gael ei gorlifo, fel sydd wedi digwydd iddi aml dro o bryd i'w gilydd yn ei hanes.

Gan fawr ddymuno i chi fel ardalwyr yr un nerth ac arweiniad a dewrder ysbryd i wrthwynebu trais ag a gafodd y proffwyd Habacuc yn ei ddydd ef, yn ôl geiriau dewisol eich testun y Sul diwetha.

D. J. Williams, Abergwaun

Diolch yn fawr am eich llythyr a'ch geiriau caredig. Fel y dywedais ar y teledu, mae'r ffeithiau i'w gweld yn yr adroddiad *Report on the Water Resources of Wales*, tud. 48. Gwendraeth Fach B. Fe ddylai'r awdurdod gymryd sylw o'r dadansoddiad a wnaed ar ôl dwy flynedd o waith. Pob llwyddiant i'r Pwyllgor Amddiffyn.

(Yr Athro) Brinley Thomas

Llongyfarchiadau ar eich arweiniad gwych yn y frwydr. Mae'r ardal yn ffodus o gael un fel chwi i'w harwain.

Efallai i chwi sylwi bod canghennau Plaid Cymru yn Abertawe wedi condemnio'r cynllun... Dywedodd y Parch Curig Davies ei fod yn gobeithio galw cyfarfod cyhoeddus gyda chynrychiolaeth o'r eglwysi, a'r cymdeithasau a'r pleidiau oll. 'Roedd Gwynfor wedi awgrymu hynny'n barod, a gobeithio, wir, y llwyddir. Bydd datganiad cryf o wrthwynebiad cyffredinol yn Abertawe yn cael dylanwad. Ond credaf ei bod yn bwysig i brofi bod digonedd o ddŵr ar gael heb ymostwng i'r fath fandaliaeth ag a olyga'r cynllun presennol.

J. Gwyn Griffiths, Abertawe

Gair o gydymdeimlad ac o gefnogaeth yn eich brwydr i amddiffyn Dyffryn Gwendraeth i fod yn gartref i'r trigolion. Mawr hyderaf y llwyddwch yn eich amcan. Y mae gormod o bethau gwerthfawr wedi mynd yn aberth i'r hyn a elwir yn gynnydd diwydiannol... Yn ôl siarad cynghorwyr yma, mae'n amlwg mai cyfrwng yw Abertawe yn llaw awdurdod uwch. A chaniatáu hynny, gallai'r cyfrwng wrthryfela yn erbyn cymryd ei orders o Lundain. Gobeithio y gallwn berswadio cynghorwyr Abertawe i ddod i'r un argyhoeddiad â phobl Llangyndeyrn. Pob nerth i chwi yn eich brwydr i ddwyn barn i fuddugoliaeth. 'Trech gwlad nag arglwydd'.

(Y Parch.) Trebor Lloyd Evans

Er bod 'na lawer o fôr a thir yn ein gwahanu, daeth newyddion o'ch brwydr i ynys Singapore. Mae gennym fel teulu gysylltiadau annwyl a chynnes ag Eglwys a phentref Llangyndeyrn. Hoffwn, felly, ddymuno pob llwyddiant i chwi a'r trigolion yn eich gwrthwynebiad a'ch ymgais am gyfiawnder.

(Y Caplan) Dafydd Morris, Singapore

Llongyfarchwn ffermwyr Llangyndeyrn, a dymuno llwyddiant iddynt yn eu brwydr i amddiffyn y pentref yn erbyn bwriad Corfforaeth Abertawe. Nid yw'n debyg y gall dim ond penderfyniad y pentrefwyr orfodi Abertawe i chwilio am ddŵr yn rhywle arall. Os gadewir i ddeddf gwlad redeg ei chwrs, nid wyf yn gweld gobaith i gadw pentref Llangyndeyrn. Yr unig obaith a welaf yw i bobl y pentref ac eraill wrth-sefyll gofynion y ddeddf. Byddant wrth wneud hynny yn taro ergyd bwysig o blaid gwir ddemocratiaeth, ac yn erbyn gormesu lleiafrifoedd gan fwyafrif, yn erbyn yr egwyddor 'trechaf treisied, gwannaf gwaedded'.

(Y Parch.) F. M. Jones

Diolch i chwi am eich llythyr a chopi o Adroddiad Herbert Lapworth Partners. Mae'n amlwg mai'r cynllun a elwir yn Towy (Brianne) ydyw'r gorau. 'Rwy'n ymgynghori â'r Fonesig Megan ar y mater. Os oes modd i gael yr awdurdodau sy'n gyfrifol am y mater i roi ystyriaeth i'r cynllun a enwyd uchod – dyna fyddai orau.

James Griffiths, A. S.

I visited the site of the proposed reservoir and flooded area some weeks ago in company with members of the Carmarthen NFU and Mr Woolley, the National President. I have also made it clear that I will do all that I can to support the protest of the inhabitants of Llangyndeyrn and Gwendraeth Fach valley and the Defence Committee in their opposition.

I am delighted to be kept informed of the various developments, and particularly to know that at a meeting of Carmarthen authorities it was resolved to give you their support... In the meantime, if there is anything you think I can do, please do not hesitate to let me know.

Megan Lloyd George, M. P.

Yr wyf wedi darllen yn y papurau y cyfan a welir ynghylch eich safiad bendigedig yn Nyffryn Gwendraeth, ac yn diolch i Dduw am danoch fel bugail ac amddiffynnydd i'ch pobl. Dyma'r math o arweiniad y buom yn dyheu amdano fel cenedl. Mae eich geiriau yn torri trwy'r esgusion a'r cynllunion fel goleuni trwy gaddug. Fe fegir cenhedlaeth eto yn y Gwendraeth y gall Cymru ymfalchïo ynddi. Amgaeaf offrwm annigonol iawn i helpu efo'r treuliau. Gweddw ydwyf i'r diweddar J. E. Daniel, a gwn o'r gorau ei fod ef yn llawenychu yn awr, ac yn eich cynorthwyo ymhlith y cwmwl tystion a garodd Cymru ar y ddaear, ac yn ei daear hi. Pob llwyddiant a bendith a nawdd Dewi Sant arnoch.

Catrin Daniel

Pob llwyddiant i'r ymgyrch yn erbyn y fandaliaid.

J. D. Lewis, Llandysul

Dymunwn i chwi bob nerth corfforol a meddyliol i frwydro'n ddewr i sicrhau'r fuddugoliaeth ar yr ymosodwyr beiddgar y sydd â'u bryd ar foddi ardaloedd, dyffrynnoedd a ffermydd cynhyrchiol y wlad, y sydd mor hanfodol i amaethyddiaeth ein gwlad. Pob bendith a llwyddiant i chwi yn yr ymdrech dymhorol ac ysbrydol. Ydwyf, yn gorff ac enaid, yn cefnogi eich ymdrech deg yn y frwydr boeth.

(Y Parch.) Daffon Davies, cyn-weinidog Bethel, Llangyndeyrn

I sympathise with you in your stand against the dam in the Gwendraeth. My father, the late M. T. Rees, was minister at Llangyndeyrn.

T. H. Rees, Pwllheli

Y mae tyrfa ohonom yn eich cefnogi yn ysbrydol, ac yn falch nad yw pobl pob ardal o hyd yn barod i werthu eu treftadaeth a phlygu glin i Faal busnes, ac arian a nerth gwlad. I mi, y mae'n union fel Hitler yn cerdded i mewn i Tsiecoslofacia – y pwerau mawr o hyd yn treisio'r bychan a'r addfwyn. Y mae brwydr Llangyndeyrn fel llecyn golau yng Nghymru lle mae cymaint o blygu gwasaidd.

Anhysbys

I am delighted to read of the magnificent stand taken by you and your farmers in this Carmarthenshire village.

F. Fargquharson, Hartland, N. Devon

Llongyfarchiadau calon ar eich buddugoliaeth ddechrau'r wythnos. Daliwch ati yn gadarn i amddiffyn eich treftadaeth yn erbyn biwrocratiaeth ddiwreiddiau Abertawe. Ond i chi ddal ati yn ddi-ildio, ni all unrhyw rym eich cyffro, gan mai gennych chi y mae'r hawl foesol i'ch etifeddiaeth.

Eileen Beasley, Llangennech

Today's *Scotsman* carries a short note on the situation at Llangyndeyrn. There are obvious parallels with the recent situation at Tryweryn... What action has been taken so far to help you by Plaid Cymru, or individual Nationalists? If you intend appealing for funds, and if the situation is a new

Tryweryn, I will make a small collection amongst my Scottish Nationalists.

Anthony Ford, Edinburgh

Teimlaf yn drist wrth feddwl am foddi Cwm Clywedog. Chwaraeais lawer ar lan Afon Clywedog. Gwelais ambell fedydd yn ei dyfroedd. Pob lwc i ymdrech trigolion Llangyndeyrn a'i hysgrifennydd diwyd ac ymroddgar.

Bessie V. Jones-Davies, Wrecsam

My wife and I wish to congratulate you and the people of Llangendeirne on the stern fight you are making to save the valley from being flooded. We wish you every success in your fight. The village and district are far too beautiful to be drowned...We regret that we cannot be with you in your fight.

E. and V. Kingstone, Bradford

Mae'n dda gennyf i chi fwynhau fy sgwrs â Mr Gwynfor Evans. Bydd sgwrs gennyf â Lady Megan ar yr un testun ar *Heddiw*. Gobeithio y bydd i bob tipyn o gyhoeddusrwydd fod o gymorth i chi yn eich brwydr. Llawer o ddiolch a phob llwyddiant gyda'r ymdrech.

Owen Edwards, BBC, Caerdydd

Diolch yn fawr i chwi yn bersonol am eich gwasanaeth amhrisiadwy ynglŷn â chadw Cwm Gwendraeth.

(Y Parch.) E. Bryn Jones, Porth-y-rhyd

Diolch i chi am arwain eich pobl ymlaen i fuddugoliaeth.

Gwilym Evans, Aberystwyth

I am instructed by the Pembroke Borough Council to send a message of support to your Committee in your fight to prevent the flooding of the Gwendraeth Fach Valley. Members voiced their admiration for the stand you are taking in this matter in trying to protect your inherent rights, and they wish you all success.

B. A. Humphreys, Deputy Town Clerk

Os ydych am i mi ddod allan i wylio'r nos, rhowch wybod.

Edward Phillip Williams, Llanelli

Gair i'ch calonogi. Cymraf ddiddordeb dwfn yn eich batl fawr bwysig sydd yn eich ardal. 'Rwy'n siŵr fod Cymru gyfan yn gwylio ac yn barod i ymuno gyda chi yn Llangyndeyrn. Anfonwch, os bydd galw, am 'recruits' neu 'reserves'. Tynnaf fy het i chwi.

(Y Parch.) W. P. Thomas, Llanelli

Amgaeaf gyfraniad bach i helpu yn y frwydr. Mae safiad pobl Gwendraeth Fach yn ennyn ein hedmygedd ni i gyd. Os bydd modd helpu mewn unrhyw ffordd arall – dim ond rhoi gwybod sydd eisiau.

Beti Jones, Aberystwyth

Re. article in the *Guardian*. Best wishes for success in your fight against Water Board's Scheme to submerge your valley.

T. H. le Cornu, St. Helier, Jersey

Os medrwch roi rhywbeth i mi wneud, rhowch wybod. Rwyf yn 74 oed, felly yn rhydd i ymgymryd ag unrhyw help o fudd i'r ymgyrch.

W. H. Roberts, Caerdydd

Yn ystod yr wythnos cefais lawer o hyfrydwch mewn cysylltiad â chwi. Y gyntaf, wrth ddarllen eich cyfraniad i'r *Western Mail*. Yr oedd yn ddatganiad cryno iawn o'ch gwrthwynebiad am resymau pendant yn erbyn boddi Cwm Gwendraeth Fach. Bendith arnoch yn eich gwroldeb yn gwrthwynebu'r fandaliaid hyn, a gwn, yn wir, fod y cylch yn ddyledus iawn i chwi am eich safiad di-ildio tros werin y gymdogaeth. Gobeithiaf y gwelir cefnogaeth frwd i'ch protest drwy Gymru gyfan. Bydd Cymry'r dyfodol yn magu nerth a gwroldeb i ddilyn eich esiampl a'ch argyhoeddiad.

T. J. Jones, Bryste

Hyn [cyfraniad] gyda'm dymuniadau gorau.

Saunders Lewis
27.10.1963

Eiddunaf i chwi Dduw yn rhwydd, yn arbennig ynglŷn â'ch brwydr i gadw Llangyndeyrn yn sych. Byddwn yn meddwl amdanoch yn aml, ac yn edmygu eich safiad dewr ymhob ymgyrch yr ydych yn gysylltiedig ag ef.

(Y Parch.) E. N. Owen, Dinas Cross

Offer resistance. Organise resistance.

Keidrych Rhys
[brysneges ar ddydd y Gwrandawiad Lleol]

I wish to congratulate you and your friends in the fight to save the homes and farms of your neighbours. What a pity the same spirit was not shown over Tryweryn.

D. Walter, Abercraf

'Rydym yn gwylio eich ymdrech i achub eich cwm… Peidiwch â phetruso am dorri'r gyfraith. Nid yw cyfraith yn hawlio ei chadw pan ddefnyddir hi i orthrymu.

W. A. Jones, Llanrug

Llongyfarchiadau ar eich ymdrech i gadw gwŷr Abertawe allan. Mae gennych filoedd o gefnogwyr, yn enwedig Cymry alltud. Pa eisiau boddi un o ardaloedd prydferthaf sir Pantycelyn? Os nad ydyw Abertawe yn gwybod am rannau uchaf y Tywi, rhwng Tregaron a Rhandir-mwyn, gwell iddynt gymryd trip mewn helicopter a disgyn ger ogof Twm Siôn Cati… Buddugoliaeth i chi yn y frwydr fawr!

W. T. Morgan, cyn-aelod Cyngor Sir Gâr
a Chyngor Dosbarth Llandeilo

Credaf mai cyfeiliornad aruthrol yw'r geiriau a rygnir cymaint arnynt heddiw yn y Gymru lwfr mai 'oes y pwerau mawr' yw hi. Ni fu gan gymdeithasau a chenhedloedd bychain erioed mwy o ddylanwad nag a feddant heddiw. Daw Cymru i sylweddoli hyn. Mae eich esiampl chi yn y Gwendraeth Fach yn dangos ei bod yn dechrau ymysgwyd.

Gareth Miles, Amlwch

'Dare to be a Daniel', ond nid 'Stand alone' yw eich rhan, am fod yna eraill gyda chwi yn Llangyndeyrn a thu allan. Mae mecaneiddiaeth ddi-Dduw ein hoes yn herio popeth cysegredig. Peiriant, nid person, sy'n cyfrif. Bendith ar eich ymdrechion… Ymuna Mrs Ellis gyda mi yn y dymuniadau gweddigar am lwyddiant yn yr ymgyrch.

(Y Parch.) Robert Ellis, Tŷ-croes

Llawenydd digymysg yw clywed am eich safiad – bod Cymry ar gael sy'n barod i sefyll yn yr adwy i amddiffyn eu treftadaeth.

Neil Jenkins, Aberystwyth

Edmygwn yn fawr eich safiad dewr yn ystod y misoedd diwethaf. Bendith arnoch.

(Y Parch. a Mrs) Elias Evans, Abergele

I have been following the events in relation to what the *Western Mail* called 'The Battle of Llangyndeyrn'. I saw, too, what you said about the letters of encouragement. I hope all will go well and that the valley will be spared.

Aubrey Davey, Cardiff

Gyda brwdfrydedd mawr y darllenais am eich paratoadau i gloi allan beirianwyr Abertawe sydd wedi cael gwarant i archwilio tiroedd eich cwm hyfryd... Calondid mawr i mi ydyw clywed am bobl sydd â digon o asgwrn cefn i wrthsefyll cynlluniau trefi mawrion i foddi cymoedd gwlad. Llongyfarchaf chwi am roi arweiniad pendant i Gymru gyfan... Da oedd clywed am eich buddugoliaeth heddiw.

Thomas Elwyn Griffiths, Lerpwl

This brings heartfelt good wishes for the success of the magnificent campaign of the people of Llangendeirne which I have read in last three copies of the *Guardian*. I would like to express thanks for the wonderful example you give to us in the disarmament movement, who try to follow the same ideals of non-violent resistance.

Jane Buxton, Co-secretary, Group Committee of 100, London

Credaf fod brwydr ffermwyr Llangyndeyrn i amddiffyn eu tir yn bwysicach na'r holl areithio a phleidleisio a geir yn ystod y misoedd nesaf yma. Trwy ddefnyddio nerth braich i gadw peirianwyr allan o'u caeau gwnaethant fwy i amddiffyn democratiaeth a rhyddid na llu o areithiau yn y Senedd. Un gelyn i ddemocratiaeth yw'r syniad mai'r Senedd a ddylai gael y gair olaf ar bob peth ac y gellir diystyru buddiannau lleiafrifoedd bach. Dylai'r Cristion gofio, ac atgofio pobl eraill, mai pechaduriaid, fel y gweddill ohonom, yw'r bobl sy'n eistedd yn y Senedd. Am mai pechaduriaid ydynt ni ddylid ymddiried gormod o allu ac awdurdod iddynt. Un ffordd o gyfyngu ar yr awdurdod hwnnw yw ffordd ffermwyr Llangyndeyrn. Nid yw pleidleisio mewn etholiad cyffredinol mwyach yn ffordd effeithiol i wneud hyn.

(Y Parch.) F. M. Jones

Y mae'r frwydr yr ydych yn ei hymladd yn arwydd o aeddfedrwydd go brin yn y dyddiau hyn ac yn ddatganiad bod cartref, cymdeithas a chymdogaeth yn werthoedd sylfaenol ein gwareiddiad. Gwefreiddiol yw clywed am gymdeithas Gymraeg heddiw sydd yn gwrthwynebu'r fateroliaeth a fyn ddiwreiddio dyn a'i ddiraddio o ganlyniad.

Emlyn Morgan, Ysgrifennydd Pwyllgor
Etholaeth Ogwr, Plaid Cymru

Carwn roi ar ddeall i chi bod aelodau o Blaid Cymru, Cangen Coleg Aberystwyth, yn dymuno pob llwyddiant i chi... Os bydd eisiau cymorth arnoch, rhowch wybod, ac fe wnawn bopeth i'ch cefnogi mewn gair a gweithred.

Gall hon fod yn frwydr bwysicach na Thryweryn am fod cymdeithas fwy yn cael ei heffeithio. Mae boddi ein cymoedd yn symbol o dranc cymdeithas a diwylliant Cymru. Os llwyddwch, gall fod yn symbol o drai ar y Seisnigeiddio di-baid yn ein gwlad.

Dyfrig Thomas, Ysgrifennydd, Aberystwyth

Y mae'n wir ddrwg gennyf fod pobl y Gŵr Drwg yn sôn am foddi eich cwm prydferth. Diolch bod eich ffermwyr wedi dangos asgwrn cefn cadarn. Fe wnawn innau eich cynorthwyo pe bawn yn y cyffiniau acw. 'Does dim drwg mewn rhegi yn aruthrol pobl felltigedig fel rhain. O na bawn yn fardd fel Goronwy Owen o Fôn, fel y rhegwn eu bath fel lladron:

Rhyw erthyl wyt (Abertawe) *rhy wrthun,*
Diawl wyt, os cywir dy lun

Byddaf yn gweddïo tros Gymru yn barhaus. Lawer gwaith y bu fy nghalon yn gwaedu o achos gorthrwm y Sais anghyfiawn. Gweddïwn am i'r Cynghorydd William Thomas a'r Parch W. M. Rees i arwain a chynorthwyo yn ddoeth. Y mae'r nefoedd gyda chwi.

G. D. Williams, Arlington Heights, Massachusetts, U. S. A.
[Amgaeodd bum swllt. Hysbysodd nad oedd yn gyfoethog, a'i fod dros 90 oed.]

151

Gyrrwn air at y Parch W. M. Rees, Llangyndeyrn gan ddatgan ein cymeradwyaeth i'w ymdrech wiw yn erbyn Corfforaeth Abertawe i foddi Cwm Gwendraeth Fach.

(Y Parch.) Boaz Williams,
Cymanfaoedd y Bedyddwyr yn Ninbych, Fflint a Meirion

Dylwn wybod eich bod yn weinidog Bedyddwyr. 'Does ond eisiau darllen *Seren Cymru* a *Seren Gomer* i weld pa enwad sydd fwyaf ymwybodol o'i threftadaeth fel Cristnogion Cymraeg... Dylai Cymru gyfan ymfalchïo yn eich gorchest... Mae yn hen bryd i Gymru gyfan sylweddoli fod pob llecyn lle mae gwareiddiad Cristnogol Cymraeg yn dal i fodoli yn drysor dihysbydd y dylai fod yn fraint i bob Cymro ei amddiffyn hyd at aberth.

Boed llaw Duw y tu ôl i chi yn eich gwrthwynebiad i chwant cyfalafiaeth annynol, a diolch Iddo mai gweinidog sy'n arwain y brotest.

Dr Harri Pritchard Jones, Ysbyty Bangor
[Derbyniwyd pum llythyr calonogol o'i law]

I wish to send you my best wishes in your fight for your village. If only we had had the same courage in Tryweryn.

Peggy Goodman, Corwen

I was interested in the account of your sermon on the subject of the reservoir... All best wishes to Llangyndeyrn.

Alouella Isambard Owen, Abersoch

Anfonaf air o gefnogaeth i chwi a phobl Llangyndeyrn yn eich safiad dewr yn erbyn gwanc bwystfilaidd diwydiant. Dinesydd cyffredin ydwyf, ond fel brodor o ardal Abertawe, cywilyddiaf ynghylch ymddygiad yr awdurdodau.

John H. Griffiths, Caerdydd

Llongyfarchion i chi am yr arweiniad yr ydych wedi ei ddangos wrth sefyll mor gadarn yn erbyn swyddogion Corfforaeth

Abertawe... Ymddengys fod pobl Abertawe yn teimlo'n ddigon ffafriol tuag atoch, ac efallai y gellir eu cael i roi mynegiant cyhoeddus o hyn. Byddaf i yn gwneud fy ngorau yn y cyfeiriad hwn.

Chris Rees, Brynmawr

Buom yn dilyn yn fanwl yr ymryson rhyngoch chwi a phobl Abertawe, a'r frwydr ffyrnig am ddŵr Llangyndeyrn, ond buoch chwi yn fwy na digon iddynt, ac ymddengys eich bod wedi concro.

(Y Parch. a Mrs) O. E. Williams, Penrhyn-coch

Brwydr gwerth ei hennill. Llongyfarchiadau i griw gwerth eu geni.

Huw T. Edwards

Mae'n weddol glir bod y sefyllfa yn Llangyndeyrn yn ddiogel bellach, a gallaf eich sicrhau fod eich safiad ar y mater hwn wedi ennyn edmygedd cyffredinol. Yn wir, mae'n esiampl ar gyfer Cymru gyfan. Y penderfyniad di-ildio yn y fro ei hun achubodd y sefyllfa, a gall yr ardalwyr ddiolch i chi mewn ffordd arbennig.

J. Gwyn Griffiths, Abertawe

Yr wyf yn sicr fod pobl Llangyndeyrn a'r cyffiniau yn drist o'ch colli ar ôl blynyddoedd o ofal drostynt, heb anghofio'r brwydro cadarn i gadw'r gymdogaeth yn fyw.

Alwyn John, Aberdâr

Dathliad Arall

Hywel Gealy Rees

Y N 1983 AETH Cymdeithas Les Llangyndeyrn ati i ddathlu ugain mlwyddiant y fuddugoliaeth i achub y cwm. Roedd gohebydd lleol y papur bro, *Papur y Cwm*, yn bresennol ar ddydd penllanw'r dathlu a dyma oedd ei adroddiad:

> Wedi blwyddyn o baratoi dyfal, cyrhaeddodd dathliadau trigolion Llangyndeyrn a chwm Gwendraeth Fach eu huchafbwynt brynhawn Sadwrn, Hydref 22, pan ddaeth cannoedd ynghyd i weld dadorchuddio cofeb i'r rhai a ymgyrchodd yn llwyddiannus rhwng 1960 a 1965, dan arweiniad y Cyngh. William Thomas a'r Parch. W. M. Rees, i atal boddi eu bro.
>
> Dechreuodd y dathliadau nos Sul, Hydref 16, gydag oedfa o ddiolch yn Eglwys y Plwyf. Yna ar y nos Fercher llanwyd neuadd y pentref ar gyfer noson o sleidiau yn adrodd hanes y plwyf a hanes y frwydr yn arbennig. Roedd y noson yng ngofal Donald Williams, Bancffosfelen, ac fel arfer roedd ganddo raglen amrywiol a chynhwysfawr wedi'i pharatoi. Ef hefyd, gyda chymorth trigolion lleol ac aelodau o Gymdeithas Hanes Cymoedd Gwendraeth, a drefnodd yr arddangosfa ddiddorol a welwyd yn y neuadd...
>
> Erbyn dau o'r gloch yr oedd torf o rai cannoedd wedi dod ynghyd ac estynnodd Peter Jones, Cadeirydd y Pwyllgor Dathlu, groeso i bawb. Wedi egluro amcanion y pwyllgor, galwodd ar Mrs W. M. Rees, gwraig y diweddar Barch. W. M. Rees, Ysgrifennydd y Pwyllgor Amddiffyn, i ddadorchuddio'r gofeb. Tynnodd Mrs Rees y Ddraig Goch a guddiai'r garreg ag ynddi'r llechen hardd o waith Ieuan Rees, Llandybïe. Cyflwynwyd tusw o flodau i Mrs Rees gan ferch y Cadeirydd, a derbyniodd y copi cyntaf o'r gyfrol *Cloi'r Clwydi* gan yr awdur. Diolchodd Mrs Rees i'r Pwyllgor

Dathlu am y gwahoddiad yn ôl i Langyndeyrn, a siaradodd yn ddifyr a phwrpasol.

Galwyd wedyn ar y siaradwyr eraill, y pedwar ohonynt wedi chwarae rhan amlwg yn y frwydr. Cafwyd anerchiadau cofiadwy gan Dewi Thomas, Glanyrynys, Harry Lloyd (cynrychiolydd yr N.F.U. ar y Pwyllgor Amddiffyn), Emlyn Thomas (cynrychiolydd Undeb Amaethwyr Cymru), a'r Cynghorydd William Evans, Carwe. Methodd G. G. Thomas, Peiriannydd Cyngor Gwledig Caerfyrddin yn ystod y frwydr, â bod yn bresennol oherwydd afiechyd, ond talodd y siaradwyr eraill deyrnged i'w gyfraniad.

Yna cafwyd cân gan blant ysgol Llangyndeyrn, wedi'i chyfansoddi'n arbennig ar gyfer yr achlysur gan y prifathro Nigel Davies, a Maldwyn Jones. Diweddwyd drwy ganu Hen Wlad fy Nhadau.

Erbyn 7 o'r gloch roedd golygfa anghyffredin i'w gweld ar sgwâr y pentref. Dwsinau o bobl yn disgwyl i'r drysau agor ar gyfer y cyngerdd dathlu. Roedd y neuadd yn orlawn erbyn 7.30 a'r awyrgylch yn drydanol. O'r eiliad pan drawodd Côr Telyn Teilo eu nodyn cyntaf, roedd hi'n amlwg y byddai hon yn noson i'w chofio. Diolch i'r côr, i Wyn Morris ac i Dafydd Iwan am goroni'r dathliadau yn wych.

Diolch hefyd i'r Pwyllgor Dathlu am sicrhau bod ymdrechion y Pwyllgor Amddiffyn yn cael eu cofio mewn ffordd mor deilwng ac anrhydeddus.

Mam yn dadorchuddio'r gofeb ar sgwâr Llangyndeyrn yn 1983
(Llun: Donald Williams)

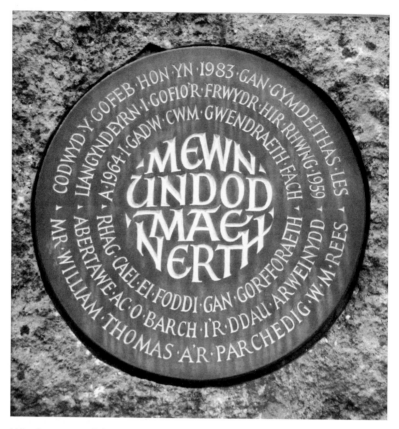

Y llechen ar y gofeb o waith Ieuan Rees, y crefftwr enwog o Landybïe
(Llun: Sara Laidlow)

Ymunodd HTV Cymru yn y dathlu y flwyddyn honno hefyd pan deledwyd rhifyn arbennig o *Y Byd ar Bedwar* ar S4C. Yn y rhaglen ddogfen honno cyflwynodd Tweli Griffiths ddarnau o ffilmiau du a gwyn o'r dyddiau cyffrous yn 1963, ffilm o'r gwaith o godi'r gofeb ar sgwâr y pentref, a golygfeydd o gronfa ddŵr enfawr Llyn Brianne. Holodd hefyd bedwar a fu'n gysylltiedig â'r frwydr. Roedd yn amlwg nad oedd yr ugain mlynedd a aeth heibio wedi pylu dim ar gof y tri ffermwr a gymerodd ran, sef Arwyn Richards, Llandre; Dewi Thomas, Glanyrynys; Huw Williams, Panteg, a'r adeiladwr Elwyn Jones. Dyma oedd gan y pedwar i ddweud yn 1983:

Arwyn Richards

Gawson ni'n dysgu pan oedden ni'n blant i barchu'r ddeddf, ond yn yr achos yma roedden ni'n credu bod yna ddeddf foesol uwch, a'i bod yn ofynnol i ni amddiffyn ein cartrefi a'n ffermydd...

Rydyn ni'n codi'r garreg goffa hon ar sgwâr Llangyndeyrn i goffáu'r ddou arweinydd a fuodd gyda ni yn y frwydyr, achos chawson nhw ddim y clod dyladwy yn eu dydd. Mae yna ddywediad, 'Os am glod, bydd farw'...

Cafodd Morina, fy ngwraig, wybod ar y ffôn gan Dewi bod dyn yn dod ogylch â'r warant y diwrnod hwnnw, a dwedodd wrthi 'Gofalwch chi nawr, Morina, peidwch derbyn y warant ganddo fe. Mae'n rhaid iddo fe roi'r warant yn eich llaw chi er mwyn ei wneud e'n gyfreithlon'. Cyn gynted â dododd y ffôn lawr, dyma gnoc ar ddrws Llandre. Dyn y warant, medde hi wrth ei hunan, a phallodd agor y drws. Yna gwelodd hi rwbeth yn cael ei wthio o dan y drws, ac roedd hi'n gwbod erbyn hyn beth odd e, a dyma hi'n ei wthio fe mas. Aeth y warant yn ôl a mlân fel hyn dan ddrws y ffarm – ond roedd hi'n benderfynol nad oedd hi'n mynd i'w dderbyn!...

Roedden ni'n dadle ffeithie gyda ffeithie, heb ddim sentiment, a gorfod inni ddangos i Abertawe bod yna gynllun arall a fydde'n llawer gwell iddyn nhw. Dodd hi damed gwell i ni weud wrthon nhw, 'Peidiwch â dod yma. Ewch i rywle arall'. Roedd yn rhaid i ni ddarganfod y man 'gwell' hwnnw drosto nhw, a'u perswadio i fynd yno...

A dweud y gwir roedd ofon arno i ar ddydd y frwydyr fowr, achos doedden ni ddim yn gwbod beth alle ddigwydd. Ond erbyn i fi ddod mâs i sgwâr y pentre, a chwrdd ag un neu ddou o ffrindie, fe ddiflannodd yr ofon...

Rwy'n eu gweld nhw nawr yn mynd ar ôl gwŷr Abertawe lan i Lan'rynys. Gweld merched â phlant yn y pramie, gweld hen bensiynwyr, ac yn eu plith nhw hen wraig fach, Jane Jones, a oedd yn diodde o'r gwynegon, yn cerdded mor glou ag y galle hi gyda'r dorf. Meddylies ar y pryd, os oedd hon yn gallu aberthu, faint mwy y dylen ni, bobol ifanc, wneud...

Cwrddes â chyn-blismon lleol Llangyndeyrn yn ddiweddar a dywedodd y stori amdano'n arwen confoi Abertawe i'r pentre ar ddydd y frwydyr, ac wrth ddod lawr y rhiw, a gweld y dyrfa ar y sgwâr, trodd un o wŷr Abertawe ato a gofyn, 'Tell me, how do they do it? These people always seem to be one step ahead of us every time'...

'I don't know what all this fuss is about,' meddai'r holwr wrth y Parch. Bryn Jones, Porth-y-rhyd, pan oedd yn cael ei gyfweld ar y teledu. 'To me, this does not look a particularly beautiful village.' Edrychodd Mr Jones i fyw llyged yr holwr a gweud wrtho, 'Beauty lies in the eyes of the beholder. Take Dilys, my wife. Perhaps you don't think she's particularly beautiful, but it would be a pity to drown her, don't you think?'

Dewi Thomas

Bydde boddi'r cwm wedi bod yn golled fawr i'r gymdeithas Gwmrâg yn y rhan hon o'r wlad, achos rodd yma gymdeithas fywiog – pobl yn cyfrannu iddi ac yn derbyn ohoni...

Bydde'r dŵr wedi dod lan hyd at waelod clos y ffarm, a bydde'n rhaid rhoi'r gore i ffermio Glan'rynys...

Roeddwn i'n barod i fynd i garchar. Fydden i ddim wrth fy hunan, wrth gwrs, roedd fy nhad, fel Cadeirydd y Pwyllgor Amddiffyn, a'r Parch. W. M. Rees, yr Ysgrifennydd, a ffermwyr ifanc eraill, yn barod i fynd hefyd. Oedden ni'n credu, chi'n gweld, bod yr hyn oedden ni'n ymladd drosto yn achos cyfiawn. Ac, wrth gwrs, fe brofwyd ein bod ni'n iawn. Fe wthion ni Abertawe lan i'r Brianne, ac erbyn heddi mae nhw wedi cyfadde mai dim ond yno yr oedd digon o ddŵr ar eu cyfer. Wnaethon ni ffafar â nhw, mewn gwirionedd, wrth wneud y safiad yn eu herbyn...

Falle nad yw'r cyhoedd yn gwbod hyn, ond os edrychwch chi ar y map, fe welwch chi mai ychydig iawn o filltirodd sy rhwng Brianne a Chlaerwen. Ac roedd cynllunie posib ar y gweill i'r dŵr o'r Brianne, ac o fanne eraill ym mlaenau Tywi, i fynd i Birmingham, neu i Lundain, falle. Gallen nhw bwmpio'r dŵr o'r Brianne i mewn i Glaerwen a'i redeg i lawr yr Hafren, yn gwmws fel mae nhw'n ei wneud nawr o Gwm Elan. I Loeger fydde'r dŵr hwnnw'n mynd yn y diwedd, ac mi fydde Cymru'n ei golli...

Rodd yna ysbryd neilltuol yn Llangyndeyrn. Rodd pawb mor unol. Os bydde rhyw fater yn codi, bydde ni'n cwrdd yn y neuadd, neu ym Mro Dawel, neu ambell waith yng Nglan'rynys. Bydde ni'n ei drin a'i drafod, a dod i benderfyniad yn ei gylch. Dydw i ddim yn credu i ni gael pleidles ar unrhyw fater yn ystod y frwydyr gyfan...

Rown i'n sefyll y tu fewn i gât Glan'rynys. Y tu arall iddi roedd gwŷr Abertawe am roi'r warant i fi. Roedden i'n disgwl i'r bobl gyrredd o'r pentre, achos dim ond dou ohono ni oedd wrth y gât ar y dechre. Gofynnes i beiriannydd Abertawe a allwn i ddarllen y warant – er mwyn gwastraffu amser – ond rodd y ffrind odd gen i wedi dechre mynd ychydig bach yn *excited*. Dyma fe'n dechre tynnu bigit gyda'r peiriannydd ac yn ei alw fe'n Hitler, yn Ffashist, a lot o bethe erill. A gweud y gwir, rodd e'n mynd mhlân shwd gymaint fel rown i'n methu darllen y warant!...

Daeth y dorf ynghyd ac roedd ysbryd pawb wedi codi. Fel mae'r gân yn gweud, roedden ni i gyd yn 'sefyll yn y bwlch'. Wrth gwrs, dyma'r diwrnod roedden ni'n cymryd y cam i dorri'r gyfraith. Hyd yma, roedden ni wedi bod ar yr ochor iawn iddi, a doedd hi ddim yn rhwydd i rywun ei thorri os odd dyn wedi'i godi i barchu'r gyfraith...

Roedd Mrs Jones a Mrs Morgan, y ddwy dros eu pedwar ugen, wedi aros yno wrth y gât ar ôl i wŷr Abertawe fynd i ffwrdd, ac yn gofyn i ni, 'Ydy hi'n saff i ni fynd nawr? Neu ydych chi'n meddwl y down nhw yn ôl heno 'to?' Os oedd pobl felna'n gallu gwneud shwd ymdrech, y peth lleia ddyle ni wneud oedd ymladd.

Huw Williams

Mae Panteg yn ffarm dros 200 cyfer, gyda chant ac ugen o wartheg godro, cant o stoc llai, a chant a hanner o ddefed. Mae'n un o ffermydd gore'r cwm. Pe bydde'r gronfa wedi'i hadeiladu bydde ni wedi colli dros hanner y tir, a bydde'r tŷ a'r adeilade i gyd o dan ddŵr. Bydde hi wedi bod yn anodd iawn i gael ffarm cystal yn ei lle...

Mae pum cenhedlaeth o'm teulu i wedi byw ym Mhanteg. Nid ffermwyr mynd-a-dod ydyn ni yma, ond pobl sy'n parchu'n cartrefi a'r ffordd Gymreig o fyw, a gwneud ein gore i amddiffyn dyffryn hardd a ffrwythlon. Bydde'n ddigon i dorri calon dyn i feddwl am golli hyn i gyd, colli'r etifeddieth wnath ein cyndade cyment ymdrech wrth grynhoi'r cyfan at ei gilydd...

Doedd dim colli'r frwydyr i fod, am fod yna gymaint gyda ni i'w golli.

Elwyn Jones

Rydw i wedi cadw'r gyfrinach am ugain mlynedd, a dydw i ddim yn credu y cewch chi wybod enw'r brawd, neu'r foneddiges, a oedd yn ysbïwr gyda ni yn Abertawe. Gewch chi mo'r wybodaeth honno gan yr un ohonon ni. Roedd yn ysbïwr da iawn, yn agos iawn i'w le, ac yn ein harwain ni ar y llwybyr iawn bob tro.

Dathlu'r Hanner Canmlwyddiant

Y N DILYN CYFARFOD agored a gynhaliwyd yn neuadd eglwys Llangyndeyrn ym Mehefin 2011 sefydlwyd pwyllgor i drefnu dathliadau hanner canmlwyddiant y frwydr. Parhaodd rheiny'n achlysurol ar hyd y flwyddyn gan gyrraedd eu penllanw mewn cyfres o ddigwyddiadau mewn wythnos ym mis Hydref 2013. I roi hwb i'r holl weithgareddau cyflwynodd y Cyngor Cymuned rodd hael o £2,000 i alluogi'r pwyllgor i drefnu dathlu teilwng. Ymhlith y digwyddiadau cafwyd nifer o nosweithiau adloniadol llwyddiannus yn lleol; casglwyd atgofion y pentrefwyr am yr ymgyrch a'u gosod ar y we; a threfnwyd un amgylchiad anarferol, sef taith feicio deuddydd o Dryweryn i Langyndeyrn, gan alw heibio ar y ffordd i Lyn Brianne! Ar ôl i'r beicwyr gyrraedd y gogledd trefnwyd y noson honno raglen arbennig o Dalwrn y Ddau Gwm, gyda thimau Crannog, Cwm Gwendraeth, Tryweryn a Llanuwchllyn yn ceisio plesio'r Meuryn, Y Prifardd Tudur Dylan Jones.

Cynlluniwyd logo i'r dathlu ac fe'i defnyddiwyd yn helaeth ar daflenni hysbysrwydd ac ar y gofrodd ddarluniadol liwgar *Calendr Llangyndeyrn 2013*, a gyrhaeddodd gartrefi ffrindiau mor bell ag Awstralia, Canada ac Ynysoedd y Falkland.

Mae'n rhaid taw un o'r nosweithiau difyrraf a welodd Tafarn y Ffermwyr yn y pentref ers tro byd oedd y noson pan gynhaliwyd Peint a Phennill yno ym mis Ionawr 2013. Roedd y dafarn dan ei sang pan wahoddwyd dau Brifardd i'n diddori, ynghyd â bardd lleol a enillodd Gadair Eisteddfod

Genedlaethol yr Urdd ddwywaith o'r bron – yn Abertawe yn 1971 ac yn eisteddfod Jiwbili yr Urdd yn y Bala y flwyddyn ddilynol. Yng nghanol digrifwch hwyliog y noson fe ddarllenodd y tri – Mererid Hopwood, Tudur Dylan ac Arwel John, brodor o Bontyberem gerllaw, weithiau sobreiddiol a gyfansoddwyd yn arbennig ganddynt ar gyfer y dathlu.

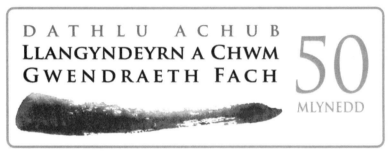

Y logo a gynlluniwyd i ddathlu'r hanner canmlwyddiant

Bûm yn hel atgofion yng nghwmni dau o hen wariers y frwydr – Huw Williams (canol) ac Arwyn Richards (dde) – adeg dathlu'r hanner canmlwyddiant yn Llangyndeyrn. Gwelir rhai o gaeau eu ffermydd, Panteg a Llandre, yn y cefndir

Cwm Cymwynas

Drwy ffenestr Llethr Llestri
ôl y nef a welwn ni,
golau iaith y caeau glas
a'u henwau yn gymwynas;
nid oes yn Nhorcoed Isaf
ond erwau clir, 'sdim dŵr claf
yn wenwyn ar ei hanes,
yn graith pan ddaw dyddiau'r gwres;
adre'n Llandre caiff pob lliw
roi ei wraidd yn nhir heddiw,
a Limestone ni wêl gronni
lyn llwyd ar ei haelwyd hi;
nag Ynys Fa's fferm lasaf
ni bu erioed, ac mor braf
yw gweld Panteg heb regi
tonnau ar ei herwau hi.
Ond clywch, mae nodau clochydd
yma eto'n deffro'r dydd,
a'r enw 'Glanyrynys'
bob awr ar waith, dewch, mae brys:
rhwygo nerth ein hargae ni
a wna'r dŵr sydd ar dorri,
â holl lif inc cyfrifiad
ar welwi iaith loywa'r wlad...
Oni ddewch? Mae ar ddychwel,
Allt y Cadno eto a wêl
mai yn ddirgel dawelach
daw'r iaith fain i'n Gwendraeth Fach.
Ni chei di, Jones Bach y Dŵr,
guro ysbryd gwladgarwr,
cans â chariad bois cadarn
ddydd 'rôl dydd gwarchod pob darn
wna plant y plant fu o'n plaid,
o Gyndeyrn, gwn daw dyrnaid –
clyw o hyd sŵn cloi'r clwydi:
llais di-drais y ddau neu dri.
Ni ddaw'r estron i honni
taw tir neb yw'n cartre ni,
ni werthir iaith Porth-y-rhyd –

hi biau mwy ein bywyd.
Na, rho di, ŵr Bro Dawel,
inni dy ddawn, doed a ddêl;
rho storom William Thomos
i droi'n wawr daran y nos,
ac wele hi, iaith ein gwlad,
ar aceri tir cariad
eto'n goleuo'r cwm glas,
cwm enwog, cwm cymwynas.

Mererid Hopwood

Dathlu 50 Mlynedd Achub Llangyndeyrn

Y mae cae yng nghwm y co',
hen gae uniaith, ac yno
fe glywaf sŵn yr afon
yn dweud ei dweud yn y don,
dweud ei stori hi ei hun,
a'i dweud mor unfryd wedyn.
Unwaith fe fu Gwendraeth Fach
a'i henw yn gyfrinach;
hen gyfrinach afiach oedd,
hen ddweud llawn celwydd ydoedd:
'lle mwy tawel na'r rhelyw,
a'r lle gorau i argae yw.'
Boddi'r byw oddi ar y byd
a fynnent, a'r un funud
yn rhy rhwydd ein llofruddio,
troi'r cwm yn bentre i'r co':
llenwi'r un llyn er ein lles,
llenwi llyn â'n holl hanes.
Yn lle llyn y dŵr llonydd
fe ddaeth cymdogaeth y dydd,
dod i gydio dwylo'n dynn,
dod i gydio deg wedyn;
fel hyn y troes yr un floedd
yn ugeiniau, yn gannoedd.

Gatiau ar gau tra'r âi gwŷr
yn llif i gaeau'r llafur,
yn y bwlch yn ddewr bob un
yn fur rhag dod diferyn,
yn lle llyn daeth llawenydd,
a'r rhai doeth yn cario'r dydd.

Tudur Dylan

Llangyndeyrn

Gan bwyll fy mynd a dod i'r dre ar daith
O Bontyberem 'nôl a 'mlaen o hyd,
A chyrraedd pont y Wendraeth lawer gwaith
Yn Llangyndeyrn wrth groesi rhwng dau fyd.

Nid am fod arwydd pwyllo yn y berth
A chamerâu cyflymder ar y tro,
Ond er mwyn parch i chi a welodd werth
Mewn sefyll gyda'ch gilydd dros y fro.

O barch am deimlo'r cysgod ar y clos
A chlymu gât Glan'rynys gyda'r tsiaen,
Am ichi wrthod ildio gwaun a rhos
Mae'r pentre' i mi'n fwy nag oedd o'r blaen.

Gan bwyll i gofio'r unfed awr ar ddeg
Yn Llandre, Allt y Cadno a Phanteg.

Arwel John

Plant Llangyndeyrn yn dathlu'r hanner canmlwyddiant
(Llun: Gwydion Wynne)

Mae afon Gwendraeth Fach yn dal i redeg yn rhydd a di-rwystr o hyd
(Llun: Gwydion Wynne)

Ffynonellau

Hansard, 6 Mehefin 1961.

Report on the Water Resources of Wales (Llundain, H.M.S.O.), 1961.

Y Llan, newyddiadur Yr Eglwys yng Nghymru, 15 Tachwedd 1963.

Seren Cymru, newyddiadur wythnosol y Bedyddwyr, 6 Rhagfyr 1963.

Arolwg 1965 (Cwmni Cyhoeddiadau Modern Cymreig, Abercynon, Morganwg, 1965).

Yr Athro J. R. Jones, *Prydeindod* (Llyfrau'r Dryw, 1966).

Seren Gomer, cylchgrawn chwarterol y Bedyddwyr, cyfrol Haf, 1971.

Pat Molloy, *And They Blessed Rebecca: An Account of the Welsh Toll-gate Riots 1839–1844* (Gwasg Gomer, 1983).

Noel Gibbard, *Hanes Plwyf Llan-non, Hen Sir Gaerfyrddin* (Gwasg Gomer, 1984).

Robert Rhys, *Cloi'r Clwydi* (Cymdeithas Les Llangyndeyrn, 1983). Ail arg. 1993.

Papur y Cwm, Tachwedd 1993.

Ysbryd yr Hen Frythoniaid Eto'n Fyw, Ceri Rhys Davies, traethawd ar gyfer rhan o radd MSc, Adran Llyfrgellyddiaeth ac Astudiaethau Gwybodaeth, Prifysgol Aberystwyth, 1999.

Christine James (gol.), *Cerddi Gwenallt: y Casgliad Cyflawn* (Gwasg Gomer, 2001).

Laura A. McAllister, *Plaid Cymru: The Emergence of a Political Party* (Seren, 2001)

Donald Williams, *Hanes Crefydd Foreol yng Nghwm Gwendraeth* (2011).

Rhys Evans, *Gwynfor* (Y Lolfa, 2005).

Brwydr Llangyndeyrn, Brwydr Angof y 60au? Marged Lowri Walters Thomas, traethawd ar gyfer gradd M.A. Adran Hanes a Hanes Cymru, Prifysgol Aberystwyth, 2009.

Gwefan Pwyllgor Dathlu hanner canmlwyddiant brwydr Llangyndeyrn, 2012 – www.llangyndeyrn.org

Diolchiadau

DIOLCHAF O GALON i'r canlynol am eu cymorth parod wrth imi baratoi'r gyfrol hon:

Staff Llyfrgell Genedlaethol Cymru;

Staff Gwasanaeth Archifau Sir Gaerfyrddin;

Golygyddion y *Western Mail, Y Cymro, Carmarthen Journal* a'r *Carmarthen Times*;

HTV Cymru, am ganiatâd i ddefnyddio cyfweliadau o *Y Byd ar Bedwar* ar S4C;

Donald Williams, Gwydion Wynne a Sara Laidlow am ddefnydd o rai o'i luniau;

John ac Ann Thomas, Ian Jones, Gwydion Wynne a Phwyllgor Dathlu Achub Llangyndeyrn a Chwm Gwendraeth Fach;

Ceri Rhys Davies a Lowri Thomas am ganiatáu imi weld eu traethodau ymchwil;

Y Prifeirdd Mererid Hopwood a Tudur Dylan Jones, ynghyd ag Arwel John, am ganiatâd i gynnwys eu cerddi;

Arwyn Richards a Huw Williams am eu hatgofion a'u cyfeillgarwch am dros hanner canrif;

Staff y Lolfa am eu gofal a'u harbenigedd wrth ddylunio, argraffu a chyhoeddi;

a Carys, fy ngwraig, am ei chefnogaeth a'i hamynedd.

Hefyd o'r Lolfa:

Cofio 75 mlynedd ers llosgi'r Ysgol Fomio

'CYTHRAL O DÂN'

Rhagair gan
DAFYDD WIGLEY

ARWEL VITTLE

yLolfa

£7.95

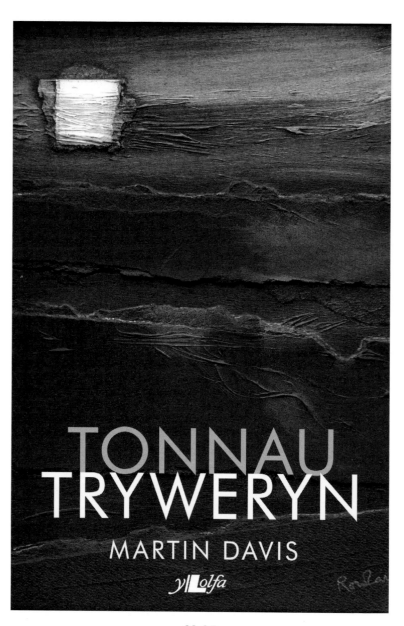

TONNAU
TRYWERYN

MARTIN DAVIS

y Lolfa

£8.95

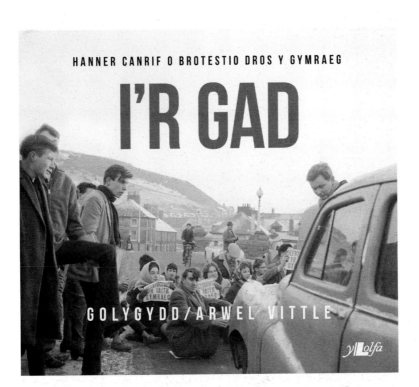

HANNER CANRIF O BROTESTIO DROS Y GYMRAEG

I'R GAD

GOLYGYDD / ARWEL VITTLE

yⅡ olfa

£19.95 clawr meddal
£29.95 clawr caled

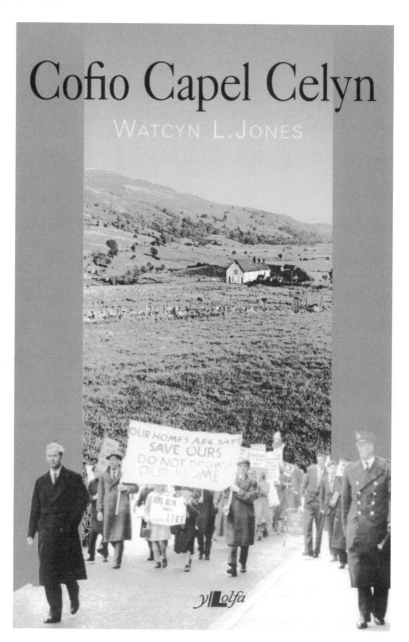

Cofio Capel Celyn

Watcyn L. Jones

y Lolfa

£8.95

Am restr gyflawn o lyfrau'r Lolfa, mynnwch
gopi am ddim o'n catalog
neu hwyliwch i mewn i'n gwefan

www.ylolfa.com

lle gallwch archebu llyfrau ar-lein.

TALYBONT CEREDIGION CYMRU SY24 5HE
ebost ylolfa@ylolfa.com
gwefan www.ylolfa.com
ffôn 01970 832 304
ffacs 832 782